Vers l'amour vrai

DU MÊME AUTEUR
AUX ÉDITIONS ALBIN MICHEL

Se guérir grâce à ses images intérieures, 2006
avec Nicolas Bornemisza

Le point de rupture, 2009

OUVRAGES PRÉCÉDENTS DE MARIE LISE LABONTÉ

Au cœur de notre corps. Se libérer des cuirasses, 2002
Éditions de l'Homme

Se guérir autrement, c'est possible.
Comment j'ai vaincu la maladie, 2001
Éditions de l'Homme

Mouvements d'éveil corporel : naître à son corps, 2001, 2004
Éditions de l'Homme

Déclic : transformer la douleur
qui détruit en douleur qui guérit, 2004
Éditions de l'Homme

Pour toutes informations concernant les activités
de Marie Lise Labonté, veuillez consulter le site web,
www.marieliselabonte.com

Productions Marie Lise Labonté Inc.
Casier postal 1487, succursales Desjardins
Montréal (Québec) Canada H5B 1H3
Correspondance courriel : info@marieliselabonte.com
Téléphone Europe : (33) 01 45 32 12 25-06 24 12 31 36

MARIE LISE LABONTÉ

Vers l'amour vrai

Se libérer de la dépendance affective

Albin Michel

Ouvrage présenté par Michel Odoul

À Nat,
pour son courage et son authenticité

Sommaire

Introduction

Nous parlions d'amour, assises à la table d'un restaurant, un soir, sous les tropiques. Nous étions quatre, quatre femmes qui avaient connu la souffrance de la dépendance affective et des relations malsaines. Nous étions réunies pour venir en aide à l'une d'entre nous qui traversait un moment difficile dans sa vie amoureuse. Cette amie, nous l'avions vue dépérir en l'espace de quelques mois, physiquement autant que psychiquement. Elle avait perdu du poids et son tonus, ses épaules s'étaient affaissées, sa colonne vertébrale commençait à s'enrouler sur elle-même. Son regard était éteint. Elle était nerveuse, elle se rongeait les ongles et se grattait constamment le visage. Ayant connu la dépendance affective et ses effets, mes amies et moi comprenions ce qu'elle vivait. Son compagnon, que nous connaissions, était en souffrance comme elle. Leur couple se trouvait en état de survie. Nous n'étions pas là pour juger, nous étions devant un constat : elle avait besoin d'aide.

Ce soir-là, chacune de nous était venue avec sa sagesse, son rire et son humour pour alléger la rencontre. Malheureusement, nous constations que notre amie ressemblait à une femme acceptant d'être battue psychologiquement. Elle n'avait plus confiance en elle ni en ses décisions, et la peur se lisait dans son regard. Notre amie était bel et bien aux prises avec ses démons, dans une relation amoureuse conflictuelle fondée sur la dépendance. Elle avait une décision à prendre qui impliquait ses enfants, elle-même, son couple et sa vie professionnelle. Elle avait à opérer un changement radical de vie pour rompre avec une relation toxique au sein de laquelle le conflit, la critique et le jugement avaient remplacé l'amour depuis des années.

Je l'écoutais justifier la maltraitance dont elle était l'objet. Je la voyais se débattre pour nous prouver qu'elle n'était « pas si mal que ça » dans la relation avec son mari. J'écoutais aussi mes autres amies tenter de la sortir de son enfer en lui donnant des moyens concrets de réagir à des agressions perpétuelles. Puisque nous avions vécu des choses similaires, nous étions bien placées pour essayer de l'aider. Tout au long de la soirée, le mot « amour » revint sans cesse ; pourtant, ce n'était pas d'amour que nous parlions, plutôt d'une *maladie d'amour* qui blesse le corps, l'âme et la psyché.

À un moment donné de la soirée, j'ai légèrement reculé ma chaise afin d'observer la situation. Je réfléchissais en me posant intérieurement ces questions : combien d'hommes et de femmes se disent aimants et n'acceptent pas de leur conjoint qu'il évolue et grandisse à leurs côtés ? Est-ce cela l'amour ? Combien d'hommes et de femmes disent aimer et être aimés quand ils se laissent bafouer, manquer de respect, voire maltraiter ? Combien de couples restent ensemble à cause des enfants ? Quel visage de l'amour est-il transmis à ces derniers par des parents qui s'attaquent et se détruisent ? Si cette forme d'amour conflictuel persiste, ne vaut-il pas mieux rompre et créer pour les enfants un lieu où ils pourront vraiment s'épanouir, entourés d'amour bienveillant ?

Je continuais de regarder notre tablée. Le vin aidant, notre amie en souffrance se détendait. C'est alors que je pris intérieurement la décision d'écrire un ouvrage sur l'amour. J'ai partagé mon idée avec ces amies. L'annonce fut accueillie par des applaudissements. Voici comment ce livre a vu le jour.

Si j'ose écrire un livre sur l'amour, c'est que j'ai personnellement connu, au cours de ma vie, toutes les formes d'amour que j'y décris. C'est pourquoi je pense pouvoir parler avec vous d'*amour vrai*.

Comme chez la plupart d'entre nous, ma façon d'aimer a été conditionnée par mes parents et mon milieu social. Cette influence a fait de moi une personne aimant à de multiples conditions. J'avais été préparée à aimer de cette façon. La vie m'a souri parce que mes parents s'aimaient malgré leurs blessures. Ils étaient un couple très uni, amoureux l'un de l'autre, exprimant leur tendresse devant nous autant qu'en présence des autres. Mes parents étaient beaux dans leur amour ; quand ils étaient ensemble, ils dégageaient un tel champ magnétique qu'on les interpellait dans la rue pour leur dire qu'ils formaient un « beau couple ». De ce fait, j'ai longtemps été en quête d'un amour semblable pour moi-même : l'amour d'une vie.

Mais j'avais aussi été blessée. Enfant, j'avais eu le sentiment d'être abandonnée par mon père qui, comme bien des pères à cette époque-là au Québec, était souvent absent pour son travail afin de gagner la vie de la famille. Ce sentiment d'abandon a fait que je me suis toujours liée à des hommes jaloux et possessifs. Avec eux, j'étais assurée (pensais-je) que je ne serais pas abandonnée. En réalité, j'étais étouffée par leur amour, sécurisée, mais à quel prix ? Car ces hommes voulaient tout de moi, jusqu'à la peau de mon âme. Un jour, je me suis éveillée, j'ai refusé de donner la peau de mon âme pour me sentir aimée et sécurisée.

Le fait que j'étais parvenue à m'autoguérir d'une maladie incurable m'a beaucoup aidée. J'avais en effet la conviction profonde que ce que je vivais dans ces relations de dépendance ne relevait ni de l'amour ni du respect de soi. Je savais que je ne pouvais plus retourner à la destruction de mon corps et de mon être. J'ai alors choisi, consciemment, de sortir de ces relations fondées sur la maltraitance. J'ai vu ma dépendance, elle m'a sauté aux yeux et je me suis dit : « C'est terminé. » J'étais réellement prête à découvrir une autre façon d'aimer. Je suis alors entrée dans une phase de sevrage et de déconditionnement par rapport à mes attirances malsaines. J'ai travaillé dur et fort pour me détacher tout en maintenant mon centre ; j'ai eu recours à diverses techniques psychologiques et aux outils qui étaient à ma disposition pour parvenir à me défaire de la drogue de l'amour.

C'est grâce à ce bagage personnel que j'ai pu écrire ce livre. Mon expérience de psychothérapeute aidant des hommes et des femmes à sortir de relations fondées sur la maltraitance m'a aussi beaucoup soutenue. Ce livre fut également possible grâce à la collaboration d'une vingtaine de personnes que j'avais choisies dans mon entourage durant les derniers mois d'écriture : des hommes et des femmes, d'âges différents, qui acceptèrent de me consacrer une heure de leur temps pour répondre à des questions sur l'amour et ses formes « contractées ». Je débutais l'entretien par la question : « Qu'est-ce l'amour pour vous ? » Ils eurent le courage et l'humilité de témoigner de ce qu'ils avaient vécu. Leurs histoires m'ont été fort utiles, elles illustrent mon propos au fil de tout l'ouvrage. Je remercie ces hommes et ces femmes, ils ont été une réelle source d'inspiration.

Dans ce livre, je partage également avec vous ma connaissance du corps. J'ai intégré des dessins de corps qui illustrent différentes façons d'aimer. Ces dessins sont le fruit de mon observation car je travaille sur le corps depuis vingt-huit ans. Ils ne se veulent pas caricaturaux, ils tentent seulement de vous dire que l'amour, quelle que soit sa forme, ne se vit pas uniquement dans le cœur, la tête ou le sexe, mais bien avec le corps entier.

Vers l'amour vrai est un appel à échanger sur l'amour, à oser démystifier les formes contractées que l'énergie amoureuse peut prendre. Car nous avons un réel pouvoir sur l'amour ; non pas un pouvoir dominateur mais, tout au contraire, la possibilité de le laisser agir en nous, librement circuler dans nos veines et nos cellules en le libérant de l'enfermement dans lequel nous le maintenions inconsciemment jusque-là. L'amour est en nous, nous sommes responsables de la qualité de notre amour, de notre capacité de nous ajuster avec notre être profond et d'être initiés par l'amour véritable.

Les premières parties de ce livre sont organisées autour d'une question : « Comment aimons-nous ? » Aimons-nous de façon conditionnée par notre passé ? Aimons-nous animés d'un désir de fusion, d'un attachement maladif à l'autre ? Aimons-nous par besoin de conflit et de nous battre au quotidien avec quelqu'un ? La dernière partie du livre concerne l'amour libéré de ses formes contractées, l'amour qui est une invitation à un amour créateur.

Parlons d'amour vrai en explorant la manière dont nous vivons l'amour dans notre cœur, notre corps, notre conscience et en présence des autres, parlons d'amour vrai en nous posant cette question authentique : « Aimons-nous ? » Sommes-nous capables de gestes d'amour ? Sommes-nous des êtres aimants ? Pouvons-nous permettre à l'amour d'être créateur ? Ce livre est un appel à devenir conscient de l'amour que nous semons en nous et dans notre environnement. Cette conscience de ce que nous portons dans notre cœur peut réveiller de l'auto-jugement et de la culpabilité. Si cela se produit, j'invite le lecteur à vivre les exercices pratiques qui se trouvent à la fin de chacune des parties du livre. La culpabilité et le jugement sur soi et les autres sont des prisons du cœur. Entrons si possible dans ce livre comme un héros ou une héroïne prêts à quitter un monde d'amour connu pour débusquer le dragon de la peur, de la limitation, et ainsi libérer le mouvement créateur de l'amour. Une fois le dragon vaincu, le héros revient dans son village pour partager sa nouvelle vision de l'amour.

Première partie

Le conditionnement amoureux

« L'amour ne donne que de lui-même et ne prend que de lui-même.
L'amour ne possède pas et ne saurait être possédé
Car l'amour suffit à l'amour. »

Khalil Gibran, *Le Prophète*

1

La naissance à l'amour

Beaucoup d'entre nous souhaiterions pouvoir aimer librement. Malgré ce très profond désir, nous devons constater que nous aimons en possédant, en fuyant, en subissant, voire en quémandant. Ces manières d'aimer sont douloureuses car elles blessent notre cœur, notre corps et notre âme. Elles laissent en nous une sensation de séparation et de froid, elles sont à l'opposé de l'élan créateur. Comme le dit Khalil Gibran, l'amour ne se possède pas et ne peut pas être possédé, l'amour suffit à l'amour. Il est mystérieux de découvrir que l'amour est la base nécessaire pour aimer. L'amour dont ce sage parle est l'amour créateur, l'amour vrai. Cet amour est libre et détaché de tout, tout en étant relié au monde qui l'entoure, ce qui lui donne son mouvement et sa chaleur.

Sommes-nous capables d'écouter l'amour en nous ? Savons-nous comment nous aimons ? Savons-nous comment nous aimerions être aimés ? Avons-nous conscience de la part du conditionnement dans notre façon d'aimer ? Marie dit à Michel : « Je t'aime, mais si seulement tu pouvais être plus doux ! » ; Pierre dit à Nicole : « Tu peux m'aimer si tu sais comment me faire plaisir » ; Christian dit à Robert : « Je te donne mon amour à condition que tu me fasses vivre… » ; Francine dit à Hélène : « Si tu te comportes encore ainsi devant nos amis, je te quitte » ; Christine dit à Jean : « Je t'aime, si tu me fais des enfants ». Est-ce cela l'amour ?

Observons notre façon d'aimer et osons faire face au conditionnement qui se cache derrière. Le conditionnement amoureux constitue une difficulté réelle qu'il est urgent de regarder en face et de transformer, car il blesse la plus belle vibration qui puisse nous habiter : l'amour. Notre façon d'aimer a été conditionnée dès le début de notre vie par notre milieu familial. Comme de petits automates, nous avons ensuite reproduit ce conditionnement durant notre adolescence, puis au cours de notre vie de jeunes adultes. Si bien qu'à 30, 40 ou 50 ans, des questions émergent du plus profond de nous-mêmes : « Suis-je capable d'aimer ? », « Est-ce vraiment cela l'amour ? ». Des questions qui sont révélatrices car elles indiquent qu'un éveil s'opère en nous, une nouvelle écoute de l'amour.

Tout comme il existe une naissance à la vie, il existe une naissance à l'amour. La façon dont vous avez été aimé influence la façon dont vous aimerez. L'amour est une vibration qui nous entoure dès le début de notre vie et qui nous accompagne jusqu'à notre mort.

La blessure fondamentale

Il existe une blessure fondamentale qui se transmet de génération en génération, dont nous avons hérité par le biais de nos parents et de notre famille. Si nous regardons la planète autour de nous, n'avons-nous pas le sentiment que les humains connaissent et propagent les mêmes blessures amoureuses à travers les siècles ? Ces blessures se nomment abandon, trahison, rejet, humiliation, non-reconnaissance, maltraitance sous toutes ses formes, injustice, et il y en a d'autres. Ces blessures sont dites « fondamentales » car elles forment la base de ce que nous avons reçu en héritage et de ce que nous transmettons, et la base non seulement de notre relation à l'autre et aux autres, mais aussi de notre relation à nous-mêmes. Elles génèrent le non-amour et la guerre plutôt que l'amour et la paix. Elles induisent le froid plutôt que la chaleur, le manque plutôt que la plénitude, la peur plutôt que la confiance. Ces blessures, nous ne pouvons les éviter car elles font partie de notre condition humaine et de la construction de notre personnalité en voie vers l'individuation. Je donne ici un exemple pour rendre le propos plus concret.

Mon amie Suzanne a connu toute sa vie des relations difficiles durant lesquelles elle était fréquemment abandonnée par les hommes, laissée pour compte. Elle se plaignait de souffrir d'abandon depuis sa toute petite enfance. Suzanne voulait avoir une fille à tout prix et elle eut cette enfant avec un homme maltraitant qui les abandonna toutes les deux après neuf ans de vie commune. Suzanne se posait souvent la question : « Pourquoi suis-je ainsi abandonnée ? » Elle était la fille de Françoise et de Victor. Elle découvrit un jour que sa mère, Françoise, avait souffert d'abandon dans son enfance, un sentiment que celle-ci avait éprouvé fortement lors de la mort de son père qui avait été brutale. Comme « par hasard », Françoise avait épousé Victor, un homme qui travaillait dur et qui était rarement présent à la maison. Françoise répétait souvent à sa fille Suzanne, quand celle-ci était jeune, que « les hommes sont souvent absents », que « les femmes doivent s'organiser seules », qu'elle devait « se préparer à être seule, abandonnée des hommes ». Françoise, inconsciemment, avait épousé un homme absent, Victor, avec qui elle revivait sa blessure d'abandon. Suzanne voyait sa mère triste, dans l'attente, suspendue au retour de Victor. À elle, c'était son père qui manquait. Elle se souvient que, le soir, sa mère et elle attendaient Victor et mettaient la table en regrettant ensemble son absence. Suzanne a ainsi été élevée dans un climat d'abandon par l'homme. Elle était même convaincue que son père les avait abandonnées, elle et sa mère. Un jour, elle comprit qu'elle avait répété le même schéma que sa mère, qu'elle avait vécu une blessure similaire à elle et qu'elle avait été conditionnée à l'abandon. À 45 ans, mon amie Suzanne s'est réveillée et réalisa qu'inconsciemment elle avait fait vivre à sa fille le même abandon par le père... À partir de ce moment-là, elle changea sa façon d'être et rencontra un homme qui fut et est toujours présent pour elle.

C'est ainsi que la blessure fondamentale des parents se transmet aux enfants, insidieusement, mais surtout inconsciemment, et ce de génération en génération.

La blessure fondamentale et l'amour parental

La blessure fondamentale dont nous avons été l'objet est à la source de notre conditionnement amoureux ; celui-ci marquera à son tour nos relations affectives avec nos conjoints et nos enfants jusqu'au moment où nous nous en libérerons. Cette blessure, qui se transmet par le biais de gestes, d'attitudes, de comportements, de façons de penser, est *inconsciente.* C'est ce qui la rend d'autant plus douloureuse et qui fait qu'elle continue de se transmettre au sein de la famille. Elle ressemble à une projection de la souffrance profonde des parents sur leurs enfants, souffrance qu'ils n'arrivent pas à nommer. Les parents sont des hommes que nous appelons « papa » et des femmes que nous appelons

« maman », qui n'ont jamais questionné leur attitude face à l'amour, ou si peu. Et pourtant, la majorité de ces hommes et de ces femmes ont envie d'aimer. Ils créent de leur chair un enfant sur lequel ils pourront projeter leur désir d'aimer, aimer comme ils auraient eu envie de l'être.

L'intention est pure, le résultat l'est moins. Certains ne savent pas ce qu'ils véhiculent dans leurs relations affectives. Ignorant qu'ils sont blessés, ils transmettent malgré eux leur blessure à travers leurs gestes, leurs attitudes, leurs mots. On les entend dire : « L'amour est douloureux », ou : « Méfie-toi, les hommes abandonnent toujours les femmes », ou : « Les femmes sont cruelles ». La blessure fondamentale d'amour est présente, et cela même chez deux êtres qui décident d'offrir à leur enfant le réceptacle idéal d'amour qu'est le couple.

La transmission de la blessure

La blessure d'amour est douloureuse et le réflexe premier consiste à s'en protéger. Ainsi le système familial construit-il des cuirasses autour de cette blessure ; celles-ci lui donnent l'impression de protéger ses membres ; malheureusement, ces défenses ne font que perpétuer la blessure dans l'inconscient individuel des enfants et dans l'inconscient familial, en la refoulant. Il s'ensuit que la blessure continue de sévir, de faire mal et de conditionner l'amour vécu au sein de la famille.

C'est ainsi que l'inconscient familial transmet la blessure d'amour héritée des parents, des grands-parents et des arrière-grands-parents. Nous sommes en présence d'une chaîne de transmission. Les enfants en font partie qui, lorsqu'ils seront devenus grands à leur tour, transmettront la même blessure à leurs enfants. Parce que la famille se protège contre ce qui fait mal, elle répète en boucle les mêmes comportements, attitudes et façons de penser : elle s'en protège en les subissant. C'est un cercle vicieux bien réel.

Le conditionnement amoureux

L'amour est un état, une vibration. Par contre, la manière dont vous aimez, dont vous ouvrez ou non votre cœur, est influencée par le conditionnement amoureux bâti autour de votre blessure fondamentale. De la même manière, la façon dont vous avez appris à aimer et à être aimé marquera toutes vos amours, depuis l'adolescence jusqu'à l'âge adulte.

Notre conditionnement amoureux fait de nous des mal aimés, des êtres qui fuient tout élan d'amour, des dépendants affectifs, des éternels assoiffés d'affection, ou des amazones, des guerriers barbares prêts à se mutiler pour détruire l'amour. Notre conditionnement amoureux nous a formés à aimer, mais savons-nous vraiment ce qu'est l'amour ? Ou savons-nous tout au moins comment nous aimerions aimer ? Je pose ces questions dans mes séminaires sur l'amour pendant que les participants sont en état de relaxation profonde. Pour réponse, je vois souvent des larmes couler sur leurs joues. Notre conditionnement amoureux nous a blessés, il est temps d'écouter comment.

La construction de la personnalité amoureuse

Parallèlement à notre personnalité, depuis la vie intra-utérine jusqu'à l'adolescence, notre personnalité amoureuse se construit. C'est cette construction consciente mais aussi inconsciente qui influence les relations de notre vie d'adulte, autant dire toutes les relations que nous avons avec nos partenaires, nos enfants, nos amis et le monde qui nous entoure. Regardons comment cette personnalité amoureuse s'est créée et les étapes de son développement.

La vie intra-utérine

L'enfant est conditionné à l'amour dès sa vie intra-utérine ; par le biais de ce que sa mère lui transmet sur les plans psychique et cellulaire, le fœtus sait s'il est aimé ou non, désiré ou non, attendu ou non. Ce que son système nerveux ressent à travers ses tissus et grâce à ses différents capteurs constitue la base de son *profil émotionnel*. Les stress vécus par la mère déclencheront quant à eux la production d'adrénaline qui circulera dans le système sanguin de la mère et dans celui du fœtus.

L'attitude affective de la mère n'est pas seule à influencer la vie fœtale ; la voix du père et son contact avec le corps de la mère marquent également le développement fœtal et la relation que le fœtus a avec la chimie interne du corps de sa mère [1]. Au cours de la vie intra-utérine, le conditionnement amoureux se fait par osmose : comme si le fœtus était une éponge absorbant les vibrations agréables de l'amour ainsi que toutes les autres vibrations qui relèvent de la haine, du rejet, de la honte, de la peur, etc. Comme à chaque émotion correspond une émission hormonale [2] dans le sang, la haine, la peur, la tristesse éprouvées par la mère sont ressenties par le fœtus par le biais du sang et du liquide amniotique. Pour ce qui est de l'amour, certains auteurs défendent la thèse que

1. Edmée Gaubert, *De mémoire de fœtus*, Paris, Le Souffle d'or, 1994.
2. Thomas Verny, John Kelly (coll.), *La Vie secrète de l'enfant avant la naissance*, Paris, Grasset, 1981.

l'amour n'est pas une émotion mais un état, et qu'à cet état correspond un équilibre hormonal spécifique, lui aussi véhiculé par le sang, qui apaise la souffrance et anesthésie la douleur. Il a été prouvé que lorsque l'enfant à venir est aimé par ses deux parents, il a de grandes chances d'avoir une naissance plus facile et d'être un nouveau-né calme ayant peu de problèmes de sommeil. Ainsi notre vie fœtale est-elle en partie conditionnée par l'état affectif de notre mère et de ceux qui l'entourent : le père en premier lieu et, par la suite, le reste de la famille. Je cite ici la psychanalyste Françoise Jèze : « S'il arrive de cette totalité dont le rayonnement nous impressionne si fort, le nouveau-né a pu être sensible aussi à ce qui n'allait pas dans l'être de la mère ; et j'ai recueilli de nombreux éléments tendant à montrer que certains d'entre eux sont inquiets pour elle, se préoccupent du mal qu'ils lui font en naissant, sont “au courant” de ses souffrances psychiques [1]. » Il n'y a pas de gestation parfaite. Même si la plupart des mères souhaitent que tout soit idéal pour leur enfant, toute maman vit sa vie avec des hauts et des bas et connaît des moments de joie et de tristesse au même titre que n'importe quel humain sur terre. Le désir de porter un enfant, avec la conscience de ce que cela signifie, ainsi que la joie et l'amour, aide la gestation, mais le fœtus est lui-même un organisme vivant qui, dès la construction de son cerveau, a une vie propre et des expériences qui font partie de son processus d'individuation à lui [2].

---

1. Conférence donnée au Congrès de maternologie, sous le patronage de J. M. Delassus, Versailles, décembre 2002.

2. Pour Carl G. Jung, l'*individuation* commence dès le début de la vie. Elle en caractérise cependant la seconde moitié, quand l'homme, établi dans le monde, souhaite être vraiment lui-même. C'est l'archétype du soi qui initie ce processus : « L'individuation n'a d'autre but que de libérer le Soi, d'une part des fausses enveloppes de la persona, et d'autre

La projection du rôle familial sur l'enfant

Avant même de naître, et quelquefois dès la conception, le fœtus porte déjà le poids des projections inconscientes de l'un ou des deux parents, ainsi que du système familial ou transgénérationnel. Ces projections s'expriment de toutes sortes de façons : « Nous allons faire de lui un petit avocat », « Elle sera mon bâton de vieillesse », « Sauvons notre couple, faisons un enfant », « Remplaçons notre enfant mort-né », « Plus d'avortement, nous sommes prêts à avoir un enfant », « Et si je lui faisais un enfant pour le retenir ? » Si la conception de l'enfant se fait « par hasard », les projections apparaîtront au cours du temps de gestation. Que l'enfant ait été programmé ou non, il est porteur de ces projections, de ces attentes émanant de la mère et de toute la famille.

La projection est un phénomène psychique. Elle consiste en un déplacement de l'énergie psychique vers un objet, un être ou un événement. La projection est inconsciente, elle fait partie des systèmes de protection que la personnalité met en place [1]. Par la projection, nous nous protégeons de ce qui se passe réellement en nous. Nous attribuons à l'autre ce que nous ne voulons pas ressentir et ne parvenons pas à refouler. Prenons l'exemple d'Alexandre, un pur exemple de projection.

---

part de la force suggestive des images inconscientes. » *Dialectique du moi et de l'inconscient*, Paris, Gallimard, Folio, 1991, p. 106.

1. J'ai rappelé les sept mécanismes de protection que la personnalité peut utiliser dans un précédent ouvrage : le refoulement, la projection, le clivage, le déni, l'annulation, la banalisation et le triangle de projection dramatique. *Le Déclic, Transformer la douleur qui détruit en douleur qui guérit*, Montréal, Les Éditions de l'Homme, 2003, p. 28-29.

Alexandre m'assistait dans un séminaire que je donnais en Suisse. Chaque matin, avant de débuter, nous avions une réunion à laquelle tous les assistants étaient tenus de participer afin d'échanger sur leur vécu et faire ainsi communier leurs énergies pour le début de la journée. Alexandre arrive un jour très en colère. À la question : « Comment allez-vous ? », il s'empresse de répondre, crispé et les mâchoires serrées : « Très bien. » Les autres assistants me regardent, intrigués par son attitude. Intérieurement, je me dis qu'Alexandre a le droit d'être en colère, qu'il a également le droit de ne pas vouloir en parler, à cela près que je dois m'assurer qu'il gardera cette colère pour lui afin de ne pas influencer la psychologie consciente et inconsciente des assistants et des participants au séminaire. Je prends le temps d'écouter ce que chacun exprime avant de présenter le programme de la journée à mes assistants. Mais voilà qu'Alexandre prend la parole et nous dit qu'il nous sent tous en colère et que nous devons ajuster nos énergies… Certaines assistantes éclatent de rire et font remarquer à Alexandre que c'est lui qui est en colère, pas le groupe ! Alexandre se défend, nous répétant qu'il va très bien tout en continuant de serrer les mâchoires. Je pose donc la question à Alexandre : « Que se passe-t-il vraiment, Alexandre ? » Il répond par un grand soupir, puis, finalement, nous dit qu'il s'est levé en proie à une colère si grande qu'il avait envie de « descendre » tout le monde. Les assistants me regardent, soulagés. Nous savions tous qu'en reconnaissant et en exprimant sa colère, Alexandre cesserait de la projeter sur nous et sur les participants au séminaire.

Dans cet exemple, Alexandre projetait sur nous une colère qu'il ne voulait pas ressentir, il s'en protégeait en faisant comme si c'était nous qui étions en colère. La projection est un mécanisme puissant.

Le rôle familial que nous projetons sur le fœtus ou sur le nouveau-né est quelque chose que nous n'avons pas vécu nous-mêmes et dont nous voulons que notre enfant le vive à notre place. Toute projection de soi sur un autre limite l'expérience de l'amour et peut entraver la liberté de l'autre. Si je suis un adulte et que l'on m'attribue des intentions ou des réactions fausses, je peux en toute conscience dire : « Vous faites erreur, je ne ressens pas ce que vous me dites, voici ce que je ressens… » C'est ce que nous avons fait en présence d'Alexandre. En tout temps un adulte conscient peut dire non à une projection de l'autre. Mais qu'en est-il de l'enfant ? Encore plus du nouveau-né ? Posant cette question, je pense au cas de Nancy.

La mère de Nancy lui avait donné pour rôle d'être son bâton de vieillesse. Elle l'avait conçue pour elle. Quant à son époux, le père de Nancy, il avait accepté cela au point que, dès la naissance de sa petite fille, il avait renoncé à établir un quelconque lien affectif avec elle ; pour lui, Nancy appartenait à sa femme. Nancy vécut donc son enfance sans avoir aucun lien constructif avec son père. Ce dernier était là mais totalement absent de ce qui aurait pu être une relation. Nancy appartenait à sa mère qui projetait sur elle tout ce qu'elle-même n'avait pas vécu : Nancy n'aurait pas d'enfant, elle serait une femme libre, avec une vie professionnelle, elle n'aurait pas de mari non plus et pourrait voyager à travers le monde. Pour Nancy, son univers affectif se résumait à sa mère. Elle était aux prises avec un complexe de « bonne fille », ne sachant pas dire non à sa mère. Elle remplit le rôle que sa mère lui avait attribué au point d'en perdre son identité. À 50 ans,

Nancy était la copie conforme de ce que sa mère aurait voulu vivre. À cette époque, Nancy rencontra un homme. Cette rencontre n'était pas prévue dans le scénario maternel. Du jour au lendemain, Nancy changea : elle renonça à être la « bonne fille à sa maman », sa « petite poupée », comme celle-ci l'appelait. Sa mère lui demanda de ne plus revoir l'homme qu'elle avait rencontré, prétextant qu'il n'était pas fait pour elle. Nancy entra dans une colère démesurée et quitta le domicile maternel. Elle revint quelques jours après, défaite et perdue. Sa mère l'amena à l'hôpital et on diagnostiqua une dépression. Nancy retourna au domicile familial avec un traitement, mais sombra bientôt dans une dépression profonde qui la plongea dans le mutisme. C'est alors que sa mère la plaça en psychiatrie. Nancy avait osé dire non à sa mère. Mais elle l'avait fait d'une manière si brusque, en tenant si peu compte de ses propres passé et mode de vie ainsi que de leur relation que des parties inconscientes d'elle-même n'avaient pu absorber l'onde de choc produite par sa tentative de changement. Il semble que la dépression ait été l'unique porte de sortie que Nancy ait trouvée pour échapper à l'emprise maternelle.

Maints pédopsychiatres ont démontré la nocivité que le rôle familial a sur un enfant et sur son développement[1]. Ce rôle se compare à un moule qui conditionne l'enfant dès sa

1. Nombre de nos sentiments, comportements et symptômes ne sont pas liés à notre histoire personnelle, mais ont leur origine dans une loyauté familiale qui veut qu'une génération reprenne les conflits non réglés des générations précédentes. Marlies Holitzka et Élizabeth Remmert l'ont bien exposé dans *Guérir dans sa famille*, Paris, Guy Trédaniel Éditeur, 2001. Voir également « Constellations familiales », site Place du Bien-être.com :
www.placedubienetre.com/magazine/040311constellation.php

* flash : ma mère m'a tjrs dit que l'on attendait un ♂ pas une ♀.

naissance et donne à l'amour des parents une forme étriquée. Qu'arrive-t-il si l'enfant, en se développant, ne répond pas à la projection parentale ? Les résultats ressemblent à ce que j'ai maintes fois entendu dans mon cabinet de thérapeute : « Mon père attendait de moi que je sois médecin, je n'ai pas voulu faire médecine, alors mon père a cessé de m'aimer. » Nous sommes ici en présence d'un amour sous condition : « Je t'aime *si* tu es comme je veux que tu sois, *si* tu es quelqu'un d'autre je ne suis pas certain de pouvoir t'aimer. » Le rôle que nos parents projettent sur nous conditionne très tôt notre façon d'aimer. Aimer son enfant n'est pas simple, car toutes ces projections inconscientes nous hantent et nous poussent à demander à notre enfant d'être celui ou celle que nous aurions aimé être, ou, au contraire, de ne pas être celui ou celle que nous sommes devenus. N'avez-vous pas déjà entendu : « Je ne veux surtout pas que tu deviennes comme moi », ou : « Je ne voudrais surtout pas que tu ressembles à ton père » ?

Pouvons-nous à la fois indiquer à notre enfant une voie de construction de sa personnalité, et l'aimer pour ce qu'il est ? Je le répète, le nouveau-né est une éponge, il absorbe la projection parentale inconsciente, le rôle que ses parents lui donnent à sa naissance ou avant. Autant qu'il le peut, il va se façonner d'après les désirs de ses parents et de sa famille. Mais est-ce cela aimer son enfant ? On dit qu'aimer réellement l'autre consiste à l'accepter tel qu'il est. Tenter de façonner l'autre à son image, à son désir, à ses attentes, est-ce aimer ?

La relation d'amour entre le nourrisson et sa mère

La façon dont une mère aime son enfant est cruciale pour le développement de la relation d'intimité avec soi que l'enfant va développer. *L'intimité avec soi est la base d'un amour autonome*. Les enfants qui ne reçoivent pas d'amour maternel grandissent dans une « non-relation » d'intimité avec eux-mêmes, leur corps, leur âme. Ce sont des enfants qui se sentent intérieurement morcelés, divisés, et qui se rigidifient intérieurement afin de survivre. Jeunes, ils sont incapables d'intimité, et ils ne se sentent pas non plus en confiance avec les autres car ils ont toujours peur de revivre l'intolérable de ce qu'ils ont vécu, c'est-à-dire la trahison maternelle, voire l'abandon. Devenus adultes, ils sont toujours méfiants et en position de protection. Or, l'intimité avec soi-même est essentielle, comme nous le verrons, pour s'aimer soi-même et aimer les autres.

La mère porte l'enfant dans son ventre. À partir de la naissance, le nouveau-né continue d'exister comme une extension d'elle. Il n'existe pas encore pour lui-même, il n'existe qu'à travers sa mère. C'est par le biais de l'odorat, puis, plus tard, du toucher, de l'ouïe et de la vue que le nouveau-né pourra sentir, ressentir, entendre, voir et savoir s'il est aimé ou non. Ces sens soit se déploieront au fur et à mesure qu'il sentira la vibration de l'amour maternel, soit resteront en tension et en protection si la vibration maternelle traduit l'agression, le rejet ou la maltraitance. Comme je le disais précédemment, l'état d'amour ou de non-amour modifie la qualité du sang qui va au fœtus par le cordon ombilical. Ce dernier sait donc s'il est aimé ou non [1], et cet amour conditionne sa naissance. Une fois qu'il est né, il commence sa vie en dehors du ventre maternel mais en y restant lié. Le cordon ombilical physique est coupé, mais le nourrisson

---

1. Marc Schwob, *De l'amour plein la tête,* Paris, Hachette, 1984 ; Arthur Janov, *La Biologie de l'amour*, Paris, Éditions du Rocher, 2001 ; Antonio Damasio, *Spinoza avait raison*, Paris, Odile Jacob, 2003.

continue de vivre à travers le cordon ombilical psychique et énergétique qui le relie toujours à sa mère.

Il est donc facile d'imaginer que la façon dont une maman vit la naissance de son enfant, le touche, le prend dans ses bras, le pose sur son cœur ou contre son sein, le lave, le nourrit, lui parle, lui chante des comptines, influence directement la relation que ce nouveau-né aura avec la vie mais aussi celle qu'il aura avec l'amour. L'amour enveloppe, protège et sécurise. Le bébé se nourrit de l'amour maternel, il en a besoin pour se développer sainement. La façon d'aimer de l'adulte est ainsi conditionnée chez le nourrisson dès les premières heures de sa vie, ses premières semaines, ses premiers mois et sa première année [1]. Cette toute première expérience d'amour symbiotique, appelée par la psychanalyste Françoise Dolto la « dyade [2] », forme la base essentielle de la sécurité nécessaire à la relation d'amour avec soi et les autres ; elle agit comme une matrice enveloppante.

Cette base établie, le nourrisson est prêt à s'ouvrir au monde qui existe à l'extérieur de l'univers maternel. Comment vit-il ce passage ? Idéalement, la maman, à travers cette expérience d'amour fusionnel, accompagne le nourrisson ; elle l'aide à reconnaître qu'il existe d'autres univers en dehors de la dyade, l'univers du père d'abord, celui de la fratrie ensuite. La mère est le lien qui permet au nourrisson

1. Françoise Dolto, *La Cause des enfants*, Paris, Robert Laffont, 1985 ; Bernard Martino, *Le bébé est une personne*, Paris, Balland, 1984.

2. La dyade mère-enfant est l'ensemble fusionnel formé par la mère et l'enfant dans les mois qui précèdent et suivent la naissance. Le bébé n'a alors pas d'identité propre, il n'a pas non plus la capacité d'identifier ses affects, il participe en fait à la vie émotionnelle de sa mère. L'intervention d'un tiers, souvent le père, est essentielle pour la séparation psychique du nourrisson, qui lui permettra d'élaborer son moi. Françoise Dolto, *L'Image inconsciente du corps*, Paris, Seuil, 1984.

de s'ouvrir ou non aux autres. Idéalement, le nourrisson peut explorer en toute sécurité l'univers qui l'entoure tout en maintenant le cordon ombilical psychique et énergétique avec elle. La mère est ainsi *celle qui initie son nourrisson à l'amour.* C'est à travers elle que l'enfant découvre le monde. C'est par les yeux amoureux de l'amour maternel que l'enfant s'ouvre à l'univers étranger du père et de la fratrie. Ce passage est fort délicat. Il demande beaucoup d'attention de la part de la mère et du père, ainsi qu'un respect de la dyade établie. À tout cela, il faut ajouter que grâce à la dyade et à travers le regard du nourrisson, *la mère peut aussi, si elle l'accepte, être initiée à l'amour*. Je cite ici la psychanalyste Françoise Jèze, lors d'un congrès sur le nouveau-né, racontant la naissance de sa fille : « Lorsque nous nous sommes retrouvées seules à son premier soir, j'ai pris ce petit bouddha dans mes bras et il s'est mis à sourire, à me sourire ! [...] De ce minuscule visage illuminé par une expression de totale tendresse, je recevais des vibrations qui, par vagues, nous entouraient toutes les deux. C'était elle qui se donnait à moi, qui me prenait dans son orbite, qui, me faisant goûter à la dimension d'où elle venait, ne pouvait que me faire craquer ; et je craquais : je l'accueillais. Or, je le compris peu à peu, c'était une grande chance de vivre ce que nous vivions. Il y fallait en fait beaucoup de conditions : il fallait que je ne sois pas dans une trop grande fatigue, une trop grande souffrance physique d'abord, psychique surtout, consciente ou inconsciente. Il fallait que mon propre accueil n'ait pas été trop dramatique. Il fallait que ne me fasse pas trop peur cette dimension d'une totalité... Le nouveau-né nous renvoie au cœur de nous-mêmes, à notre fragilité maxima, à notre énergie essentielle, à notre être profond[1]. »

---

1. Conférence donnée au Congrès de maternologie, sous le patronage de J. M. Delassus, Versailles, décembre 2002.

Le tout-petit transporte en lui un univers incommensurable de fragilité et de profondeur qui peut ouvrir un cœur maternel blessé.

Si le nourrisson est prêt à laisser approcher son père, sa relation à l'amour s'ouvrira à la dimension paternelle, mais il reviendra toujours, et ce pour quelques années encore, à sa mère, afin de se rassurer quant à son mouvement vers les autres. Par la suite, le couple parental établira le lien entre le nouveau-né et la famille. Il a été prouvé que si le fœtus a fait des expériences difficiles au cours de sa vie intra-utérine ou à sa naissance, la dyade qui s'établit entre lui et sa mère peut agir comme un réel baume réparateur vis-à-vis de cette souffrance antérieure [1].

Qu'en est-il du conditionnement amoureux de la mère ?

La naissance à l'amour du nouveau-né est en relation étroite avec la façon dont sa mère l'enveloppe et avec ce qu'elle peut lui offrir comme sécurité, amour et don d'elle-même. Mais la mère elle-même a été conditionnée à aimer

1. Durant cette période sensible, qui débute avec la conception et qui s'étend sur toute la grossesse puis pendant les premiers mois et même les premières années de l'enfant, il n'y a pas de contre-indication aux traitements psychanalytiques de la dyade et de la triade si ce n'est les limites des thérapeutes et celles des parents eux-mêmes, indique Rosine Debray. Celle-ci précise que dans les cas où les systèmes pare-excitation des deux parents ont été débordés, « la consultation thérapeutique comme la psychothérapie psychanalytique de la dyade ou de la triade vise à rétablir le bon fonctionnement des systèmes pare-excitation de la mère et du père, ce qui entraîne d'une manière souvent surprenante l'apaisement, puis la cédation des troubles chez le bébé ». « Consultations et traitement de la dyade mère/bébé ou de la triade père/mère/bébé », site de la Société psychanalytique de Paris :
http : //www.spp.asso.fr/main/Extensions/Items/07_bebe.htm.

d'une certaine façon, elle a eu une mère, qui l'a bien accueillie ou non dans le monde, elle a fait l'expérience de la dyade avec cette mère. Comment se passa sa propre naissance à la vie et à l'amour ? A-t-elle peur de la symbiose ? S'en défend-elle ? S'y attarde-t-elle au contraire, cherchant à maintenir l'état fusionnel avec son petit ? Toutes ces expériences vécues et leurs empreintes dans la psyché de la mère marquent à leur tour la naissance à l'amour de l'enfant. La façon d'aimer de la mère, si elle n'est pas questionnée, sera automatiquement transmise au nourrisson et influencera toute sa relation ultérieure à la vie et à l'amour.

Il en est de même pour l'élan du père. Comment le père a-t-il commencé sa vie et vécu sa propre dyade avec sa mère ? Recherche-t-il l'amour fusionnel ? Jalouse-t-il le lien d'amour que vivent sa femme et leur nourrisson ? Se sent-il rejeté de ce lien fusionnel ? Que projette-t-il sur ce dont il est témoin ? Permet-il à son bébé de vivre cette étape cruciale en songeant à son mieux-être futur ? Collabore-t-il ? Tout dépend de la façon dont le père est lui-même né à la vie et à l'amour.

Thomas et Nelly sont amoureux. Ils décident d'avoir un enfant. Thomas est présent à la naissance de la petite Léa, durant laquelle il a des malaises importants, au point que les médecins le font sortir de la salle d'accouchement. La naissance de Léa se déroule bien, à cela près que Thomas est souffrant. Il a divers symptômes : des maux de cœur, des maux de tête, des nausées, des crampes au ventre, des sensations de vertige. La famille et les amis mettent cela sur le compte du stress et du travail. En fait, tout le monde est centré sur le couple de Nelly et Léa. La petite famille revient à la maison. C'est à ce moment-là que Thomas va commencer une descente aux enfers dont ni lui-même ni les autres ne se rendent compte. Les symptômes physiques font bientôt place à des symptômes psychiques tels que des angoisses, des peurs nocturnes, des cauchemars à répétition. Léa dort dans la chambre de ses parents et Nelly insiste pour que Thomas aille dormir dans une autre pièce car elle a peur que ses mouvements nocturnes n'entravent le sommeil de la petite. Thomas dort au salon et va de plus en plus mal. Nelly le sent et entre dans une forme d'agressivité envers lui. Elle s'isole de plus en plus avec Léa qu'elle semble vouloir protéger de Thomas. À ce dernier, elle répète souvent : « Fais attention, tu lui envoies des ondes négatives », ou : « Souris, tu fais peur à ta fille ! » Thomas va de plus en plus mal, il se sent impuissant et abandonné par le couple que forment Nelly et Léa. Une nuit, il quitte le domicile conjugal pour ne plus revenir. Léa se retrouve sans père du jour au lendemain. Dans les jours qui suivirent, Thomas recourut à une aide thérapeutique. Avec le temps, il comprit que ce qu'il avait vécu avec sa femme et leur nouveau-né avait réveillé en lui la mémoire de la trahison et de l'abandon qu'il avait vécus lors de la naissance de sa sœur cadette. Il s'était alors senti abandonné par sa mère et en avait gardé une profonde blessure. Le lien symbiotique entre Nelly et Léa avait réveillé en lui cette mémoire douloureuse enfouie dans son inconscient.

La venue d'un enfant peut être une réelle initiation pour un couple qui n'est pas conscient des forces mises en action par la naissance à l'amour. Les souvenirs inconscients liés à la naissance et à la dyade vécues par chaque parent tentent de refaire surface et hantent la naissance de l'enfant d'autant plus qu'ils sont refoulés. Colère, dépression, honte, culpabilité, sentiment d'inaptitude, voire d'impuissance, de rejet et même de trahison peuvent venir s'entrechoquer dans la psyché de chacun des parents et ainsi non seulement créer une réelle confusion pour le nouveau-né, mais aussi le plonger dans l'insécurité au moment de sa naissance délicate à l'amour.

Le passage de l'amour maternel fusionnel à l'amour paternel

Si le père a été présent lors de la grossesse par sa voix, son contact tactile avec la mère et une proximité enveloppante, le passage de la dyade à la relation au père se vit harmonieusement. À travers l'amour paternel, le nourrisson s'ouvre à un univers plus vaste, il fait ses premières expériences en dehors du cocon maternel. Cette première séparation d'avec la mère est cruciale pour le développement amoureux futur de l'enfant, notamment pour la période œdipienne [1] puis pour l'adolescence et la vie adulte. Ce passage est une réelle initiation pour le nourrisson. Comme dans toute initiation, des risques et des dangers existent. Observons les différents scénarios qui sont possibles et rappelons-nous qu'ils sont influencés par le conditionnement amoureux dont les parents ont été l'objet.

L'absence maternelle

Débutons par le scénario le plus pénalisant pour l'enfant : l'absence de la mère à la naissance, soit parce qu'elle est

1. Le complexe d'Œdipe est un ensemble organisé et structurant de désirs amoureux et hostiles que l'enfant éprouve à l'égard de ses parents. Sous sa forme dite « positive », le complexe se présente comme dans l'histoire d'Œdipe : désir de la mort du rival que représente le parent du même sexe, et désir sexuel pour le parent de sexe opposé. Sous sa forme négative, il se présente à l'inverse : amour pour le parent du même sexe et haine et jalousie envers le parent de sexe opposé.

décédée ou malade, soit parce qu'elle abandonne ou rejette l'enfant. Dans ces cas, la dyade n'est pas possible. Le nourrisson peut alors refuser de se nourrir, se maintenir en état de régression et aller jusqu'à se laisser mourir. S'il accepte de vivre, les risques sont élevés qu'il développe des carences physiques et psychiques dans sa relation au monde, aux autres et à l'amour.

Un jour, Loucas se présente à mon bureau de Montréal pour se joindre à une séance collective de MLC©[1]. *À l'occasion de l'entrevue que je lui consacre pour ouvrir son dossier, je découvre que cet homme souffre d'asthme de façon chronique. Il traîne avec lui tous les outils nécessaires pour faire face à une crise grave. Il vient me consulter car, me dit-il, depuis une séparation amoureuse récente, il se sent envahi par une angoisse qu'il aimerait traiter par un travail psychocorporel. Au moment où il me parle de son angoisse, il m'indique une zone dans la région du thymus*[2]. *Lorsque vient le moment de la*

---

1. La MLC© Méthode de Libération des Cuirasses, approche globale du corps par le mouvement d'éveil corporel, est une approche psychocorporelle et énergétique que j'ai mise au point. Elle s'inspire de mon processus d'autoguérison ainsi que de nombreuses années de recherche et d'expérimentation en médecine psychosomatique et énergétique. Cette méthode invite la personne à faire l'expérience d'une libération de ses cuirasses corporelles, d'un déconditionnement par rapport à ses croyances et d'un déploiement de son potentiel de guérison, étapes essentielles pour permettre la naissance à son corps, à son cœur et à son âme. J'ai décrit cette méthode dans *Au cœur de notre corps, Se libérer de nos cuirasses*, Montréal, Les Éditions de l'Homme, 2000, p. 104.

2. Le thymus est une glande située dans le thorax antérieur. Son activité et sa taille sont maximales au cours de la puberté. Il involue à l'âge adulte. Le thymus joue un rôle très important dans la mise en place du système immunitaire chez l'enfant en assurant la maturation des lymphocytes T aussi appelés thymocytes. *Encyclopédie médicale Le Clinicum*, Paris, Éditions médicales et scientifiques Le Clinicum, 2007.

lecture corporelle, mon attention est immédiatement attirée par sa cage thoracique figée qui est enfoncée à la hauteur du cœur. Je vois un creux sur son sternum, de la grosseur d'un poing. Je lui demande s'il a eu un accident important dans son enfance. Il me répond que ce creux est en effet étonnant pour tout le monde, mais qu'il l'a depuis sa naissance. Je continue ma lecture et je constate que son corps s'est comme rigidifié le long de la colonne vertébrale. La cage thoracique bouge à peine et porte la marque de crises d'asthme à répétition. Il est évident que le creux sternal de mon patient n'aide pas sa condition d'asthmatique. Tout est resserré au niveau des clavicules. Loucas se rhabille et nous continuons à échanger. Je lui demande comment s'est passée sa naissance. J'apprends alors qu'il a été abandonné à la naissance, et que quand il eut 2 ans, ceux qui allaient devenir ses parents eurent « pitié de lui en le voyant tout recroquevillé sur lui-même » dans son lit d'orphelinat, et l'adoptèrent.

Loucas n'est pas le premier enfant abandonné atteint de malformation sternale. Celle-ci est en effet une conséquence de la position de repli adoptée par beaucoup de nourrissons dans leur lit à l'orphelinat. Le corps de Loucas portait les marques d'un traumatisme affectif et physique qui le rendait vulnérable à cause de sa condition chronique d'asthmatique et de la blessure d'abandon que Loucas avait connues.

La séparation prématurée

Quand la dyade cesse avant son terme naturel et que le nourrisson est séparé trop tôt d'avec sa mère, il risque d'avoir des difficultés à s'alimenter, de développer des problèmes digestifs et de présenter des retards de développement liés à des régressions à la vie intra-utérine [1]. Il y a de bonnes chances pour que l'enfant reste alors fixé à l'amour fusionnel et recherche constamment, devenu adulte, la fusion qu'il n'a pas pu assouvir, enfant, tout en la rejetant de peur d'être blessé par une nouvelle séparation. Chez la femme, ceci se traduit par des relations passionnelles avec des amies femmes, chez l'homme par une recherche obsessive de l'amour maternel chez les femmes qu'il rencontre.

Laurent se présente à moi en costume et cravate car il arrive directement de son travail. Il me dit qu'il éprouve un besoin urgent de travailler sur son corps et d'explorer les tensions qu'il ressent au niveau abdominal et dans le dos et les bras. Pour cette raison, il désire faire des séances individuelles de MLC©. Laurent se décrit comme un intellectuel vivant seul et ayant eu peu de relations avec les femmes, même s'il affirme les aimer. Il est convaincu que les femmes ne sont pas attirées par lui parce que son corps ne les inspire pas. Il me dit en avoir aimé beaucoup, à cela près qu'elles ignoraient qu'il avait jeté son dévolu sur elles. Il les aimait platoniquement, m'explique-t-il, évitant ainsi d'être rejeté. Laurent a une piètre idée de son corps. Il se juge « maigre et mal foutu ». Il veut développer une plus grande souplesse et se sentir mieux ancré en lui-même. Il veut aussi arrêter de fumer car il se considère

1. On sait en effet que la relation la plus étroite que l'on puisse imaginer, celle de la mère et de son nouveau-né, est, dans l'histoire d'un être humain, riche d'expériences de sécurité. Si ces expériences font défaut, indique Françoise Dolto, « [...] les enfants se construisent une double façon d'être [...] ils restent sans autonomie et sans sens critique face à ce qui se passe à l'extérieur de la famille. Ils deviennent ainsi des enfants collants, qui ne savent pas s'occuper [...] et sont alertés du moindre danger d'être séparés de leur mère. » *La Difficulté de vivre*, Paris, Vertiges du Nord/Carrère, 1987, p. 512.

comme un grand fumeur. Lors de la lecture corporelle, je constate que Laurent a une cage thoracique atypique, que nous nommons, dans le jargon du langage corporel, la « cage de poulet » : son corps semble avoir arrêté de se développer quand il avait 4 ans. Sa cage thoracique est énorme par rapport au tronc, aux épaules et au bassin, elle a de plus la caractéristique d'être bombée vers le haut et d'avancer, et elle est bloquée en inspiration. Ses bras et ses épaules sont maigres et vont vers l'arrière. Ses jambes sont très minces au point qu'elles donnent l'impression de ne pas pouvoir supporter le bassin et le tronc. Sa tête est grosse par rapport au corps. Bref, Laurent semble avoir connu un retard de développement physique majeur au cours de son enfance. Pour ma part, j'ai le sentiment d'être en présence d'un corps d'adulte cachant un corps d'enfant qui aurait été abandonné par sa mère dans les premières années de sa vie. Tandis que Laurent se rhabille, je lui pose des questions sur son enfance. Il m'explique que sa mère a été atteinte par une tuberculose grave quand il avait 2 ans. Elle a alors quitté la maison en espérant y revenir, mais elle n'est plus jamais revenue. Laurent se souvient de nuits passées à l'attendre. Quand il eut 7 ans, on l'informa que sa mère était morte de la tuberculose après avoir passé quatre ans dans un sanatorium...

Le cas de Laurent traduit bien les séquelles que peut laisser une séparation prématurée.

La séparation tardive

Lorsque la mère fait durer trop longtemps la relation fusionnelle avec son enfant et ne le guide pas vers le père et le monde extérieur, le nourrisson grandit dans une prison psychique maternelle. Adulte, il pourra difficilement habiter son propre corps. Homme ou femme, il continuera de vivre comme s'il appartenait toujours à sa mère. Catherine en est un exemple.

Catherine semble être une femme autonome. Elle occupe un poste important dans une entreprise publique de télécommunications. Elle se présente à mon bureau atteinte d'un cancer. La tumeur, située entre le vagin et l'anus, est opérable, mais au prix de l'ablation d'une partie de la paroi vaginale, ce qui signifierait une amputation importante de la vie de femme de Catherine. Elle s'y refuse mais accepte de suivre une chimiothérapie intensive. Nous commençons un travail de visualisation en Images de transformation[1]. *Le dialogue avec son inconscient montre très rapidement que Catherine est hantée par sa mère. Tout son psychisme est tourné vers elle, de même que son quotidien. Catherine se sent en effet obligée d'appeler sa mère trois fois par jour même si elle n'a rien à lui dire. Elle veut simplement « maintenir le*

1. La technique des *Images de transformation* est née de deux méthodes inspirées à la fois par l'héritage ancestral et par des techniques modernes reconnues : la *Libération des images intérieures*, méthode que j'ai mise au point, et le *Yoga psychologique* de Nicolas Bornemisza. Le travail de visualisation en *Images de transformation* veut constituer une exploration permettant d'apprivoiser ses images intérieures et de les transformer grâce à un processus d'autoguérison. Plusieurs outils sont utilisés à cette fin : la relaxation, visant l'exploration du préconscient et de l'inconscient ; l'imagerie réceptive, centrée sur l'exploration des images intérieures limitatives ; l'imagerie programmée, allant à la rencontre d'images de reconstruction permettant une saine restructuration de soi et de son corps. Marie Lise Labonté, Nicolas Bornemisza, *Se guérir grâce à ses images intérieures*, Montréal, Les Éditions de l'Homme et Paris, Albin Michel, 2006, Marie Lise Labonté, « Images de transformation© », texte disponible auprès de l'auteure.

contact », sinon, me dit-elle, sa mère se sentirait abandonnée. Catherine soutient sa mère psychologiquement. Je découvre au fur et à mesure du travail avec elle que ma patiente est sous l'emprise d'une mère qui tente à tout prix de maintenir la fusion avec sa fille. Catherine étouffe, ses dessins démontrent qu'elle n'habite pas son propre corps mais encore le corps de sa mère. Sa vie de femme en souffre grandement. Aidée par les traitements de chimiothérapie et par le travail de libération psychique qu'elle a entrepris, Catherine va progressivement aller mieux physiquement et se libérer de l'emprise maternelle. Après deux ans de suivi, elle pourra commencer à vivre sa vie. Catherine n'a pas eu besoin de subir une ablation d'une partie de son vagin. Sa tumeur a totalement régressé.

La mère de Catherine avait nourri celle-ci au sein jusqu'à l'âge de 2 ans et demi. Elle n'avait cessé qu'à la suite d'un avis médical. La séparation tardive peut se manifester de bien des façons. Elle nous fait prendre conscience de l'importance de l'arrivée du père ou d'un substitut paternel pour la coupure du cordon ombilical.

La relation d'amour entre le nourrisson et son père

Lorsque le nourrisson s'ouvre à l'autre, il découvre son père mais, au début, cela signifie pour lui ouvrir son cœur et son être à un étranger… À moins que le père n'ait remplacé la mère. Notre société nous offre de plus en plus d'exemples de « paternage » du nourrisson. Un père aimant peut tenter de suppléer à la dyade avec la mère et ainsi aider son nourrisson à développer un sentiment de sécurité intérieure et à naître à la vie et à l'amour. Toutefois, un homme ne peut pas, de toute évidence, remplacer une mère qui vient d'accoucher, dont les seins regorgent de lait et dont le ventre et le corps portent encore l'empreinte de la gestation. Mais si le cœur de la mère qui vient d'accoucher n'est pas animé par la vibration de l'amour, alors le plus important, pour le nourrisson, c'est d'être aimé par son père. Même si le nourrisson n'est pas l'excroissance de la chair de son père, si le père s'est manifesté par sa voix et son toucher pendant la grossesse, le petit saura reconnaître la puissance de l'amour paternel.

La présence du père marque la naissance du triangle familial mère-enfant-père. Ce triangle est essentiel pour la naissance à l'amour du nourrisson. Il influencera grandement sa façon d'aimer à venir. Le nourrisson quitte alors la relation à deux pour entrer dans une relation à trois qui, idéalement, est une suite de l'état symbiotique mais plus vaste et plus enrichissante. Le triangle est le début d'une microsociété.

L'amour symbiotique porté à l'enfant par le couple parental

La naissance à l'amour du nourrisson évolue donc en fonction de l'amour symbiotique que lui porte le couple parental. Ses parents sont-ils heureux ? Vivent-ils en harmonie ? S'accordent-ils sur la façon de donner de l'amour à leur tout-petit ? Quels conditionnements amoureux sous-tendent ce couple parental ? L'enfant est très sensible à la vibration qui relie ses parents. Il peut même se sentir responsable d'un malaise dans leur relation, voire de leur séparation le cas échéant.

Ce triangle familial est la porte d'entrée dans le système familial, comme le dit le psychanalyste Guy Corneau : « L'enfant ne se situe pas dans un simple triangle mais dans un système familial auquel participent tout autant les frères et les sœurs. Même des proches parents comme un grand-père ou une grand-mère [...] peuvent devenir psychologiquement importants pour l'enfant[1]. » Au sein de la famille, l'enfant va aller à la rencontre de ses frères et sœurs et de tous ceux qui évoluent autour de ses parents. Les relations qu'il noue alors conditionnent les relations amoureuses qu'il aura une fois devenu adulte.

L'absence du père

Lorsque le père est absent et qu'il n'y a pas de substitut paternel, le nourrisson cherchera à créer un triangle avec sa mère et un autre membre de la famille : un frère ou une sœur, un grand-père, une tante, une grand-mère, qui se voit ainsi mis dans la position du tiers, souvent contre son gré. Les connaissances acquises sur le développement de l'enfant permettent de dire qu'il est préférable que la position du tiers soit occupée par un homme, c'est-à-dire quelqu'un du sexe opposé à la mère, pour un meilleur équilibre dans la relation avec le monde extérieur. Il a en effet été prouvé que le père aide son nourrisson à *se mettre au monde*[2]. Déjà, la façon dont un père tient son enfant est différente de la façon dont une mère le tient. Ces différences sont saines pour le nourrisson car elles lui donnent l'occasion d'explorer l'univers extérieur à la dyade.

---

1. Guy Corneau, *L'Amour en guerre, Des rapports hommes-femmes, mères-fils, pères-filles*, Montréal, Les Éditions de l'Homme, 1996, p. 54.

2. Durant les premiers mois qui suivent la naissance, il n'est pas facile de savoir où commence la mère et où finit l'enfant. Cette confusion bienheureuse devra pourtant disparaître pour que chacun puisse poursuivre son développement. Pour ce faire, il doit y avoir séparation et, de tout temps, la figure paternelle a été l'artisan naturel de cette séparation. Guy Corneau, *L'Amour en guerre, op. cit.*

Qu'en est-il lorsque la position du tiers est tenue par une femme, par exemple la grande sœur ou la tante ? Le nourrisson se délectera d'être aimé maternellement et d'être maintenu dans un cocon maternel qui n'en finit plus. Les risques de ce type de relation sont pourtant grands ; il se peut en effet que l'enfant devienne incapable de quitter la symbiose maternelle, ce qui peut avoir diverses conséquences : un retard de son développement moteur, un refus inconscient d'aller vers le monde extérieur causé par une peur irraisonnée des autres et de la vie existant en dehors du « ventre psychique maternel » ; l'enfant risque aussi de souffrir d'une *overdose* de symbiose maternelle ; dans ce dernier cas, devenu adulte, il fuira l'amour des femmes par peur d'être étouffé, avalé par elles. Chez l'homme, cela pourra se traduire par une forme de misogynie, chez la femme par une haine des femmes.

Mélissa est un gros bébé tout joufflu qui a été élevé par sa mère et sa tante. Elle était d'autant plus aimée par sa tante que celle-ci n'avait jamais pu avoir d'enfant. Le papa de Mélissa était souvent absent. Il la prenait rarement dans ses bras car ses horaires de travail ne lui permettaient pas d'être beaucoup là. Il ne développa pas de relation intime avec sa petite fille. Mélissa a donc grandi entourée de « mères » et du groupe d'amies femmes de ses « deux mamans ». Mélissa était surprotégée, ce qui lui valut un léger retard sur les plans moteur et psychomoteur. Elle était en effet toujours dans les bras de sa mère ou de sa tante. Ni l'une ni l'autre n'aidait Mélissa à découvrir son environnement en la mettant à quatre pattes sur le sol, par exemple. Lorsqu'elles osèrent enfin déposer Mélissa par terre, cette dernière était déjà en retard dans sa motricité. À 5 ans, Mélissa avait peur de tout obstacle qui se trouvait sur son chemin : peur de monter sur le trottoir et d'en descendre, peur de perdre l'équilibre et de tomber, peur des autres, peur des hommes, et même peur de son père. Mélissa préférait la position couchée à la position debout. Lorsque ses « mères » ont découvert qu'elle aimait la danse, elles la firent danser et danser et danser. Aujourd'hui, Mélissa ne vit que pour danser. À travers la danse, elle a l'impression d'exister et de retrouver une liberté intérieure.

Mais si le père est manquant, où est-il ? Est-il décédé ? Si oui, comment la mère vit-elle ce décès ? De quelle nature sont les pensées amoureuses qu'elle transmet à son enfant ? Le bébé, s'il est un garçon, deviendra-t-il le « remplaçant » du père ? Et si le père a quitté la mère par amour pour une autre femme, quels colère, haine, ressentiment éprouvera la mère vivant un tel drame et dans quelle atmosphère élèvera-t-elle son nourrisson ?

Les scénarios possibles quant à la naissance fragile de la relation avec le père, dont dépend aussi le conditionnement affectif de l'enfant, sont multiples. Chose certaine, un triangle enfant-mère-grande sœur, grand frère-grand-père-grand-mère, tante ou oncle, n'est pas le triangle formé par le couple parental et l'enfant et ne pourra jamais le remplacer.

La rencontre avec la famille

Le tout-petit grandit et évolue au-delà du triangle parental, dans la famille. Son identité, pas plus que son territoire vital et affectif, n'est pas encore bien définie. Le paysage familial va influencer grandement sa relation à lui-même, à l'amour et à la vie, notamment si les parents, pour des raisons professionnelles ou personnelles, laissent souvent l'enfant seul. Si tel est le cas, comme ce dernier est très sensible à la façon dont il est aimé et entouré, il essaiera de se rapprocher d'un autre membre de la famille, voire d'une personne extérieure à la famille immédiate telle que la nounou ou le jardinier, pour survivre. L'enfant ira au plus aimant. Il est important de comprendre qu'à ce stade de développement, l'enfant a absolument besoin d'être aimé pour se sentir exister et se définir.

En allant à la rencontre des membres de sa famille ou d'autres personnes de son environnement, l'enfant découvre différentes façons d'aimer. Ces expériences font partie de la construction de sa personnalité affective et déterminent son conditionnement amoureux. Tout événement, tel que la naissance d'un autre bébé, la maladie ou la mort d'un frère ou d'une sœur, le départ de l'aîné, le décès d'une tante, d'un oncle ou d'un grand-parent, la relation amoureuse du frère ou de la sœur adolescent, tout est matière à explorer la relation à l'autre à travers le filtre de l'amour et contribue à construire l'enfant sur le plan affectif.

Robert est l'aîné de la famille, il est un enfant adoré de sa mère et de ses tantes. Il est le plus beau, le plus fort, le plus tout... Il jouit également de la reconnaissance de son père. Robert voit cependant rarement ce dernier, car pour répondre aux besoins financiers de la famille son père a deux emplois. Une sœur suit bientôt Robert, puis un frère, mais Robert trône toujours sur la chaise d'« enfant soleil[1] », le petit roi chéri de la famille ; même à

1. Représentant la parfaite antithèse du respect, l'enfant roi est le produit du laxisme éducatif de nos sociétés modernes et de l'éclatement des couples et des familles, estime Guy Richer. Évoluant au centre d'un univers fondé sur l'égocentrisme, il résiste à toutes les interventions éducatives, s'opposant à tout ce qui entrave le plaisir et la facilité, poursuit l'auteur. Guy Richer, *Par le bout du nez, La psychologie de l'enfant*

l'école, ses institutrices l'adorent. Ses camarades de classe l'appellent d'ailleurs « le chouchou ». Jusque-là, tout va bien dans la vie de Robert, quand naît un petit dernier : son frère trisomique. Cette naissance marqua la déchéance de Robert, qui chuta de son trône d'enfant soleil. Robert sentit alors qu'il perdait l'amour de sa mère qui, du fait des circonstances, ne faisait plus que s'occuper du bébé et délaissait ses autres enfants. De plus, la maman de Robert, qui était auparavant joyeuse et confiante, trahissait une telle tristesse et une telle culpabilité qu'elle plongea la famille dans une atmosphère où la joie et les rires n'avaient plus le droit d'exister. Seul le nouveau-né, avec sa charge de souffrances, existait. Robert développa une haine profonde à l'égard de cet enfant, qui dura jusqu'à la mort de ce dernier. À cause de lui, il avait perdu sa mère, celle qui le glorifiait ; non seulement il l'avait perdue mais elle l'obligeait à s'occuper de sa sœur et de son frère. Eux, de leur côté, savouraient la gloire déchue de leur grand frère et n'hésitaient pas à lui rendre la vie difficile… Pour Robert, la vie ne fut plus jamais la même. Malheureusement, ce n'est qu'une fois adulte qu'il put se faire aider pour guérir du conditionnement à l'amour qui marquait toutes ses relations, aussi bien avec les hommes qu'avec les femmes. Robert était d'une jalousie maladive envers tout homme qui approchait son amie du moment. De même, il quittait ses amis hommes dès qu'il entrait en relation avec une femme. Il s'enfermait alors dans son couple. Il avait tellement peur qu'on lui vole à nouveau « sa » mère.

---

roi et le développement de la compétence parentale, Québec, Option Santé, 2005.

L'œdipe

Vous connaissez peut-être l'histoire d'Œdipe, ce héros de la mythologie grecque : averti par un oracle que, s'il avait un fils celui-ci le tuerait, Laïos, le père d'Œdipe, condamna ce dernier à mort. Mais Œdipe fut sauvé par un serviteur qui le confia à des étrangers. Devenu adulte, lors de l'un de ses nombreux voyages, Œdipe tua Laïos, sans savoir que celui-ci était son père. Il accomplissait ainsi, en l'ignorant, la prédiction de l'oracle. Peu après, comme il avait résolu l'énigme du sphinx de Thèbes, on le proclama roi et on lui donna Jocaste pour épouse, la veuve de Laïos, sa propre mère. Guidé par l'oracle, Œdipe découvrit bientôt qu'il avait assassiné son père et épousé sa mère. Il s'arracha alors les yeux tandis que Jocaste se donnait la mort.

C'est à la lumière de ce récit mythologique que Freud et d'autres psychanalystes[1] analysèrent la relation entre les enfants et leurs parents, et expliquèrent certains comportements amoureux : fixation amoureuse sur le parent de sexe opposé, agressivité hostile envers le parent de même sexe. Cette configuration œdipienne entre un enfant et un parent existe dans nombre de familles. Si les parents sont suffisamment matures affectivement et sensibles à l'évolution de leur enfant, ils respecteront le sentiment amoureux œdipien de

1. Parmi les figures marquantes de la psychanalyse, citons son fondateur, Sigmund Freud (1856-1939), médecin autrichien et neurologue, Sándor Ferenczi (1873-1933), un des premiers psychanalystes, Karl Abraham (1877-1925), psychiatre et neurologue allemand, Melanie Klein (1882-1960), psychothérapeute et psychanalyste britannique d'origine autrichienne, Anna Freud (1895-1982), psychanalyste autrichienne naturalisée britannique et fille de Sigmund Freud, Wilhelm Reich (1897-1957), psychiatre, psychanalyste et analyste critique de la société autrichienne.

l'enfant sans juger ni dénigrer celui-ci, le temps qu'il s'en libère et atteigne la maturité.

Philippe était amoureux de sa maman. Plusieurs fois par jour, il lui répétait qu'il l'aimait et lui demandait si elle ne voulait pas l'épouser. Celle-ci prenait le temps de lui expliquer qu'elle ne pouvait l'épouser parce qu'elle avait déjà un mari, qui était son papa, sans compter que lui, Philippe, était bien trop jeune. Elle lui disait aussi qu'elle l'aimait et que son papa l'aimait. Mais lorsque sa maman expliquait cela à Philippe, il continuait de la regarder et de la trouver belle, il lui cueillait des fleurs et lui répétait qu'il l'aimait… Parallèlement, Philippe se battait avec son papa et lui disait souvent : « Tu vas voir, je vais te battre », ou : « C'est moi le plus fort, peut-être que je vais te tuer ». Un jour, comme il voyait sa mère pleurer à chaudes larmes, Philippe entra dans une colère épouvantable contre son père : il pensait que si sa mère pleurait c'était à cause de ce dernier ; en fait, elle épluchait des oignons… Quand son père arriva dans la cuisine, Philippe se rua sur lui en l'accusant d'avoir fait de la peine à sa mère. Le couple parental interrompit ses activités et prit le temps d'écouter Philippe et de lui parler afin qu'il comprenne ce qu'il vivait : son amour fou pour sa maman et sa jalousie envers son papa. Ils ont rassuré le petit Philippe tout en lui montrant sa place au sein du triangle maman-enfant-papa. Petit à petit, l'amour œdipien que Philippe éprouvait pour sa mère se transforma et Philippe devint solidaire de son père.

Dans cet exemple, l'expression de l'œdipe fut comprise et respectée par les parents, ce qui aida Philippe à atteindre une certaine maturité affective. Lorsque l'expression de l'œdipe est empêchée, ou que l'enfant est bafoué par un parent ou les deux, cela peut réactiver la blessure fondamentale liée à l'abandon, au rejet, à la trahison ou à l'humiliation. Marc Antoine est un exemple d'enfant qui a vécu un œdipe douloureux.

Le père de Marc Antoine était alcoolique et avait des comportements violents envers sa femme. Marc Antoine avait peur de lui. Durant la phase œdipienne, il exprima son amour fou pour sa mère en s'habillant et en se maquillant comme elle en cachette. Un jour, il se promena dans cette tenue devant sa mère en lui disant qu'il voulait être comme elle : parce qu'il l'aimait, il voulait lui ressembler. Le réflexe immédiat de sa mère fut d'avoir peur que Marc Antoine, alors âgé de 6 ans, ne soit surpris par son mari qu'elle savait homophobe. Elle alla donc cacher Marc Antoine dans sa chambre pour qu'il puisse se déshabiller. Marc Antoine, devant ce geste précipité de sa mère, conclut qu'il était mal de se vêtir ainsi et qu'il était interdit d'aimer sa mère de cette façon. À ce moment-là, le père entra dans la chambre conjugale et découvrit la scène. Comme il avait bu, il se mit à accuser sa femme d'habiller son fils comme une femme et la frappa violemment. Marc Antoine se jeta alors sur lui pour protéger sa mère et reçut un coup magistral sur les parties génitales ; en même temps, son père le traitait de « pédé ». Marc Antoine perdit conscience et fut transporté aux urgences par sa mère. Quand il se réveilla, il vit celle-ci pleurer éperdument à son chevet, il vit dans ses yeux la peur de le perdre et tout l'amour qu'elle éprouvait pour lui. Il en conclut qu'il était à jamais le chevalier de sa mère. Par la suite, Marc Antoine développa une vie sexuelle double : au grand jour il se disait homophobe, mais parfois, le soir, il se travestissait et allait à la rencontre d'hommes homophobes ; il allait ainsi inconsciemment à la recherche du père qu'il avait eu, au risque d'être frappé de nouveau, tentant ainsi d'exorciser le problème œdipien qu'il n'avait pas résolu.

Combien de femmes et d'hommes adultes ai-je rencontrés dans ma pratique, qui n'avaient pas résolu leur œdipe et qui étaient aux prises avec une recherche inconsciente et obsessionnelle de leur père ou de leur mère dans leurs compagnons de vie. Le vécu œdipien mal géré provoque tout un enchevêtrement émotionnel et produit tant d'idées fausses sur l'amour. Ce complexe[1] influence directement la façon d'aimer de l'enfant entre 4 et 11 ans. Il nourrit également les différents types d'amour que l'adolescent, le jeune adulte et l'adulte connaîtront dans leur vie par la suite. Lorsque cette phase de développement de la personnalité amoureuse s'accompagne d'un divorce des parents ou du décès de l'un d'eux, le complexe d'Œdipe prend des proportions inattendues. Le petit garçon dont le père vient de mourir aura le sentiment que lui est ouverte la voie de l'amour œdipien pour sa maman. Il deviendra « l'homme de maman », celui qui remplacera le père décédé ou parti. En même temps, il se posera des questions : « Est-ce à cause de moi que… », « Ai-je tué mon père ? », « L'ai-je fait fuir ? », ou : « Est-ce par amour pour moi que maman a quitté papa ? », etc. Ces questions peuvent semer une grande confusion chez lui. Il en est de même pour la petite fille qui est amoureuse de son père, si sa mère décède ou tombe malade. Lorsque l'enfant est rejeté dans son désir amoureux pour le parent de sexe opposé, surgissent des symptômes physiques qui ne sont que l'expression du mal-être psychique de l'enfant lors de ce passage délicat qui part de la naissance et va vers l'amour adulte. Un œdipe non résolu poursuivra l'enfant jusqu'à son adolescence et durant toute sa vie d'adulte…

---

1. Voir la note p. 38.

Lucie est amoureuse de son père mais ce dernier est absent. Elle jette alors son dévolu œdipien sur son grand frère, seul homme de la maison. Elle le trouve magnifique et s'organise pour être souvent dans ses bras et l'embrasser sur les lèvres. Elle le rejoint dans son lit et reste des heures étendue à côté de lui pendant qu'il étudie. Un jour, Lucie, âgée de 11 ans, a ses premières règles, et celles-ci sont douloureuses. Ce n'est pas facile, elle a mal. Sa mère lui explique qu'elle est maintenant une « grande fille ». Lucie se couche dans le lit de son frère avec une bouillotte sur le ventre parce qu'elle a mal. Le lit de son frère est son refuge… Son frère arrive et, comme d'habitude, elle s'étend près de lui et tous deux se câlinent. Surgit alors leur mère qui interdit à Lucie de toucher désormais son frère : terminé les câlins, terminé les séjours dans le lit de son frère. Le monde intérieur de Lucie s'écroule. La maman annonce à son fils que Lucie est maintenant une « grande fille » et que toutes ces marques d'affection entre eux ne sont plus possibles. Celui-ci ne trouve pas mieux que d'aller crier à qui veut l'entendre que sa sœur est maintenant une « grande fille ». Lucie pleure, elle ne comprend pas pourquoi on l'empêche d'aimer son frère. Elle a honte de son ventre, de sa douleur et de son sang. « Qu'est-ce que j'ai fait de mal ? » se demande-t-elle. Lucie, en vieillissant, s'est mise à haïr ses règles et son cycle menstruel, jusqu'à se couper de son ventre de femme. Pour elle, tous ces « trucs de femme » l'avaient éloignée de l'amour qu'elle éprouvait pour son frère. Lucie, pendant plus de vingt ans, rechercha son frère dans des hommes qui lui ressemblaient physiquement et psychologiquement. Elle était incapable d'aimer un autre genre d'homme. À cause d'un stérilet qu'elle n'avait pas fait changer à temps (comme Lucie ne s'occupait pas de ce qui se passait dans son ventre, elle l'avait oublié...), elle fit un jour une salpingite aiguë et faillit perdre sa capacité de donner la vie. Son frère vint à son chevet. En le voyant penché sur elle, Lucie prit soudainement conscience de son amour œdipien. Elle comprit qu'elle ne pourrait jamais épouser son frère et qu'elle avait une vie de femme devant elle.

De façon pour le moins radicale, la salpingite avait redonné à Lucie la conscience de son corps de femme, de ses organes féminins et du pouvoir qu'elle avait d'enfanter.

La partialité parentale

Pour maintes raisons, qui sont quelquefois inexplicables rationnellement, un parent peut éprouver une préférence déraisonnée pour l'un de ses enfants, ou, à l'inverse, un dégoût inexplicable allant jusqu'à l'incapacité de le toucher physiquement. Cette partialité peut être l'effet d'une projection inconsciente telle que décrite antérieurement ou tout simplement d'une attirance ou d'une répugnance spontanées pour ce que dégage son enfant. Comme le dit le psychanalyste Guy Corneau, l'enfant n'est pas une page blanche : « Il est pratiquement impossible de nier le caractère original d'un enfant tellement son individualité est présente dès les premiers jours de la vie[1]. » Cette remarque nous aide à comprendre pourquoi maints parents se montrent partiaux sans même en avoir conscience. Le problème est que si le parent n'essaie pas d'y voir clair en allant chercher de l'aide extérieure pour comprendre ce qui sous-tend son sentiment, et

1. Guy Corneau, *L'Amour en guerre*, *op. cit.*, p. 56.

tenter de remédier à la situation, les conséquences peuvent être dommageables pour l'enfant : notamment attiser sa haine et nourrir son sentiment d'injustice.

Nous venons de suivre le conditionnement amoureux depuis la vie intra-utérine jusqu'à la fin de l'enfance. Que se passe-t-il lorsque l'enfant entre dans l'adolescence ?

2

L'adolescent et l'amour

L'adolescence est la période durant laquelle le jeune expérimente l'amour, elle est un tremplin à partir duquel il met à l'épreuve le conditionnement amoureux qu'il a hérité de sa petite enfance.

L'adolescence est une naissance au monde, elle marque le début de la différenciation d'avec le milieu familial. L'adolescent a besoin de se détacher de sa famille tout en s'y sentant lié. Le désir de se montrer différent prendra deux formes principales : le *mimétisme* par rapport aux conditionnements amoureux hérités de la famille, ou leur *rejet*. L'adolescence est composée de deux phases dont la première est la préadolescence (9 à 13 ans), que l'on peut voir comme une période de gestation, et la seconde, l'adolescence proprement dite (13 à 17 ans), que l'on peut considérer comme une période initiatique. L'« ado » teste son conditionnement amoureux à l'extérieur du milieu familial, un jeu qui peut être dangereux s'il n'est pas supervisé par les parents. Ce déplacement du théâtre amoureux familial dans la vie extérieure peut en effet intensifier la blessure fondamentale de l'adolescent, et faire surgir des symptômes psychiques et physiques qui le fragiliseront. La psychosomatique a bien montré cela.

Déjà, lorsque l'adolescent se lance dans l'aventure amoureuse, son corps exprime le stress émotionnel et psychique qui accompagne sa position de différenciation. Souvent, lorsque nous voyons une maladie auto-immune exploser à l'âge de 20 ou 30 ans, si nous fouillons un peu dans le passé des symptômes, nous constatons que ceux-ci ont surgi durant la préadolescence ou l'adolescence. Ce qui indique que le préadolescent et l'adolescent sont fragiles dans leur corps et leur psyché. À l'adolescence, la force vitale connaît une telle poussée que l'adolescent veut absolument se prouver à lui-même qu'il a raison. Certains établissent des balises en se donnant des parents positifs, extérieurs à la famille, qu'ils vont retrouver pour se consoler de leur souffrance amoureuse. D'autres prendront des modèles tels que des sportifs connus, des chanteurs de rock ou des vedettes de cinéma. S'il n'y a pas de communication dans le milieu familial, le jeune s'enfermera dans des idées reçues, il se repliera sur un monde intérieur où règnent la désolation et la souffrance. Certains adolescents adopteront les modèles parentaux. Ils projetteront ainsi sur leur vie d'adolescents et sur leurs jeunes partenaires ce dont ils ont été témoins au sein de leur famille. D'autres encore provoqueront la vie, ils se projetteront au-delà des modèles connus, rechercheront les performances, certains iront jusqu'à se mutiler physiquement ou psychiquement et le vivront comme une réelle initiation. De cette expérience « casse-cou », ils retiendront de grandes leçons qui leur permettront de mieux naître à leur vie d'adultes.

Voici deux formes parmi d'autres que peut prendre la mise en place du conditionnement amoureux dans la vie de l'adolescent.

Le mimétisme

Dans ce cas, l'adolescent reproduit à l'identique ce qu'il a vécu et vu vivre dans son milieu familial et ce qu'il a intégré dans sa propre psyché par rapport à l'amour. Ce mimétisme le sécurise et lui donne l'impression d'exister. Si le jeune s'est senti abandonné par sa mère ou son père, ou mal aimé par elle ou lui, c'est ce qu'il va recréer avec ses jeunes copains ou copines tout en cherchant à s'assurer de leur amour. Le jeune remettra ainsi en scène, inconsciemment, l'abandon, le rejet, la trahison et les croyances accompagnant le scénario de sa blessure fondamentale : « Mon père ne m'aime pas », « Je ne peux pas faire confiance aux femmes », « L'amour est dangereux », « Je ne peux pas faire confiance aux hommes », « Ma mère a trahi mon père », et ainsi de suite. Beaucoup d'adolescents répètent le vécu amoureux du couple parental et les conséquences qu'il a eues sur eux. Prenons l'exemple de Catherine.

Catherine avait 16 ans lorsqu'elle est tombée follement amoureuse d'un Européen de 40 ans. Elle tomba enceinte de lui. Ce dernier, à l'annonce de l'événement, quitta le Québec avec toute sa famille. Comme elle était mineure, les services sociaux de l'école l'obligèrent à en parler à ses parents afin de prendre une décision avec eux : avorter ou garder le bébé. L'annonce de sa grossesse à sa famille fut catastrophique, la mère de Catherine en perdit connaissance et fut transportée aux urgences. C'est dans ces circonstances que celle-ci vint me consulter. J'appris alors que Catherine était elle-même une enfant illégitime. Son père actuel n'était pas son père biologique. Il était tombé amoureux de sa mère alors que celle-ci était enceinte de six mois. Catherine ignorait qu'à travers ce qu'elle vivait, elle reproduisait exactement ce que sa mère avait vécu quand elle l'avait conçue. Sans le vouloir, elle avait révélé un secret familial, car ses frères et sœurs ne savaient pas non plus qu'elle était leur demi-sœur.

Cet exemple illustre une répétition inconsciente d'un événement tenu secret. Mais l'adolescent peut aussi reproduire le comportement amoureux conscient de l'un de ses parents, comme c'est le cas de Jean.

Jean est le plus âgé d'une famille bourgeoise de Montréal. Il a pour père un séducteur. Ce dernier a une maîtresse depuis des années, que Jean connaît. Cette relation est clandestine. La mère de Jean l'ignore. Depuis l'âge de 9 ans, Jean est le confident de son père. Il a ainsi appris de lui que sa mère a pris une grande distance sexuelle par rapport à son mari, pressentant l'« adultère ». Le père de Jean est un alcoolique mondain. Dès l'âge de 14 ans, Jean l'accompagne aux festivités organisées par la jet set montréalaise. Pendant ces soirées, Jean observe les jeux de séduction paternelle. À 16 ans, on peut le rencontrer seul, sans son père, dans ces mêmes soirées : il s'occupe à séduire des femmes beaucoup plus âgées que lui tout en buvant de grandes quantités d'alcool. Jean répète à l'identique le comportement de son père au point de prendre la maîtresse de celui-ci comme amante. Lorsque je rencontre Jean, il a 18 ans et se déplace en fauteuil roulant. Il a perdu l'usage de ses jambes lors d'un accident qu'il a eu au volant de sa Porsche. Sa passagère est décédée sur le coup. Jean me dit que sa vie a éclaté. Il a l'impression d'avoir tout eu : les femmes qu'il collectionnait, les voitures de course, la drogue, l'alcool, l'argent, la vie de jet-setter, et qu'« on » lui a tout enlevé. Son père est incapable d'accepter l'infirmité de son fils. Seule sa mère est présente à ses côtés. Jean a été initié très tôt et très durement par la vie. Petit à petit, d'année en année, il va prendre conscience qu'il a en lui la force de faire face à ce que la vie lui a imposé. Jean est maintenant un artiste reconnu.

Combien de parents ont-ils besoin d'être aidés dans leur réaction de désespoir et d'impuissance face à ce que vit leur adolescent ? Pour certains, comme le père de Jean, la cassure du miroir narcissique[1] est violente, chez d'autres s'opérera une prise de conscience douloureuse des projections qu'ils ont faites sur leur enfant. Quant à l'adolescent, il n'a pas conscience d'explorer le conditionnement amoureux hérité de sa famille. Son jeu de déplacement et de mimétisme est inconscient. Cela dit, quel que soit le scénario, secret ou connu, que l'adolescent rejoue, le parent, lui, devrait en avoir conscience.

1. Dans *Pour introduire le narcissisme*, Freud parle de l'enfant censé accomplir les rêves que ses parents n'ont pas réalisés : il sera un grand homme, elle épousera un prince. Selon lui, il faut se méfier de ces projections qui permettent aux parents de voir leurs enfants comme des « semblables » leur servant à présenter une bonne image d'eux-mêmes. Serge Leclaire voit dans cette projection narcissique une force de mort qui fige l'enfant en en faisant un objet de la jouissance parentale. D'après lui, pour rompre le charme qu'exerce cette projection, un acte sur soi-même est nécessaire ; il consiste « à tuer l'enfant merveilleux (ou terrifiant) qui, de génération en génération, témoigne des rêves et désirs des parents ; il n'est de vie qu'au prix du meurtre de l'image première, étrange, dans laquelle s'inscrit la naissance de chacun ». Extrait de Serge Leclaire, *On tue un enfant*, Paris, Seuil, 1975, cité par Joseph Rouzel, « Du bon usage des parents », site Psychasoc :
http : //www.psychasoc.com/article.php ?ID=12.

Des parents confrontés à leur propre blessure

La blessure que l'adolescent présente aux parents, quelquefois sur un plateau d'argent, peut être difficilement vécue par la famille. Certains parents se trouvent en effet confrontés à leur propre blessure amoureuse, une blessure dont ils souffrent mais que, souvent, ils ne veulent pas regarder en face. Leur réflexe consiste alors à se défendre : ils blâment l'adolescent au lieu de se regarder eux-mêmes et de tenter de comprendre ce que celui-ci répète sous leurs yeux. Les situations décrites peuvent ébranler l'équilibre familial pendant plusieurs semaines ou plusieurs mois, voire créer de réelles explosions au sein du couple parental et de la famille. Il est donc essentiel que les parents portent attention au jeune et au jeu que celui-ci met en scène. S'il y a lieu, qu'ils aillent chercher de l'aide et entreprennent une thérapie familiale, surtout si la famille est en péril. Cela, certes, demande que les parents eux-mêmes soient conscients de ce qu'ils vivent, et qu'ils aient suffisamment d'authenticité pour se remettre en question quant à leurs valeurs sur l'amour, le couple et la famille. Seuls les parents attentifs vis-à-vis d'eux-mêmes pourront aider le jeune à comprendre ce qu'il rejoue et comment il peut se faire mal. Il est difficile de mettre un terme au comportement mimétique du jeune, car ce comportement répond au mouvement intérieur d'individuation qui nous anime tous, et encore plus le jeune adolescent, et ce mouvement est plus fort que les restrictions, les interdictions ou les conseils que les parents peuvent prodiguer.

Le rejet

Le rejet est un comportement très destructeur pour la psyché et le corps, notamment quand le système immunitaire est en jeu. L'adolescent qui rejette est dans l'illusion qu'il agit différemment de ses parents qu'il dit « détester » ou à qui il affirme ne pas vouloir ressembler. Cette illusion d'être différent est trompeuse ; elle cache la dure réalité qui est que tout enfant ressemble à ses parents, non pas forcément en surface, mais en profondeur. C'est souvent durant l'adolescence que le jeune prend conscience qu'il ressemble au parent qu'il déteste ou qu'il rejette, et que même s'il ne veut pas l'imiter, il le fait malgré lui. Pour illustrer ce fait, voici l'exemple d'un adolescent nommé Jo.

Jo a vécu dans une famille où régnait la maltraitance physique. Son père battait régulièrement sa mère et ses sœurs. Ce jeune a grandi dans la haine profonde de son père et dans le désir de sauver sa mère et ses sœurs du joug de cet homme violent. Or, malgré toute sa vigilance et son désir de bien faire, ce jeune homme a rapidement développé, face à ses petites amies, la même violence que celle de son père face à sa mère. Comme il le disait, « c'est plus fort que moi ». Mais en même temps qu'il était animé par cette poussée de violence vis-à-vis des autres, Jo était habité par le désir de retourner cette violence contre lui afin de tuer l'être violent qu'il était devenu, c'est-à-dire le père violent qu'il avait intériorisé. Ainsi, plus Jo résistait à la violence qu'il portait en lui, plus il était sous son emprise.

Le rejet de l'autre, qui se traduit par un rejet d'une partie de soi, donne le sentiment d'être possédé intérieurement du fait de la puissance des forces qui sont en opposition. Le psychanalyste Carl Gustav Jung disait que soutenir consciemment en soi des forces en opposition demande d'avoir atteint un certain niveau de maturité sur le chemin de l'individuation. Or, l'adolescent n'a pas atteint ce niveau. Il est donc souhaitable qu'il se fasse aider par un soutien thérapeutique extérieur ou par sa famille. Si cette aide n'existe pas, ces situations de rejet peuvent conduire à des fugues ou à des enfermements psychiques qui entameront grandement la relation de l'adolescent à l'amour, à la vie, aux autres et à lui-même.

3

Le jeune adulte et l'amour

La période de l'adolescence terminée, la réelle question à se poser est : comment le jeune a-t-il vécu son initiation ? Comment s'est fait le passage de l'enfance à l'âge adulte ? Le jeune adulte sort-il de cette période en ayant fait des expériences qui n'ont fait qu'alimenter son enfermement affectif ? Au contraire, en sort-il en héros ou héroïne ayant réussi à braver le dragon de l'amour conditionné ?

La reproduction du couple parental

Pour certains, les dés sont déjà lancés. Ces jeunes adultes sont ceux et celles qui évoluent vers la répétition à l'identique de la blessure transmise par la famille. Ils la transportent dans leur cœur avec fidélité. Inconsciemment, ils se préparent à vivre l'aventure de leur couple comme leurs parents ont vécu la leur. Il n'y pas de place pour un questionnement. Ils sont des automates amoureux. Ils prennent pour acquis ce dont ils ont été les témoins, ce qu'ils ont vu, entendu, pressenti, et ils le répètent dans leur relation amoureuse. Le chemin est tracé, tout est programmé : ils savent qui ils doivent rencontrer, comment et où se fera la rencontre, la profession de l'autre et l'importance de son compte en banque, le nombre d'enfants qu'ils auront, la grandeur de leur future maison, les objets ménagers qui seront nécessaires… Comme le disait une maman à sa fille de 22 ans, « et si en plus, tu connais l'amour, alors tu es chanceuse ! » Aussi paradoxal que cela puisse paraître, pour ces jeunes, l'amour n'est en effet pas toujours un prérequis.

Ces jeunes adultes ne sont plus à la phase de mimétisme de l'adolescent, ils sont à celle de l'identité. Combien de jeunes filles dans la vingtaine sont de futures épouses sacrificielles comme leurs mères, qui s'apprêtent à épouser un homme comme leur père et à vivre exactement ce qu'ont vécu leurs parents ? Elles sont là, résignées et déjà victimes, voire endurcies pour certaines. Il en est de même pour les jeunes hommes.

La vie amoureuse de ces jeunes ressemble à un décor de théâtre à l'intérieur duquel ils peuvent enfin jouer la pièce à laquelle ils assistent depuis leur naissance. C'est là tout leur destin : répéter ce qu'ils ont vu chez leurs parents. Ils ont passé leur adolescence à donner des répétitions générales, à présent ils sont prêts à lever le rideau sur la scène de leur vie.

La fuite en avant

Chez d'autres jeunes, l'initiation amoureuse de l'adolescence a semé le réflexe de la fuite en avant. Ils ont testé le conditionnement amoureux qu'ils ont hérité de leur famille, ils l'ont parfois rejeté, peu importe, ils veulent fuir ce qui est là et qui les attend. Ils partent en courant vers la liberté d'aimer qui ils veulent, quand ils le veulent et où ils le veulent, peu importe la couleur, le genre, la culture... Tout leur est possible, ils évoluent dans une sorte d'idéal de liberté toute-puissante. Le théâtre de leur jeune vie d'adultes s'apparente à une scène d'improvisation sur le thème de l'amour, du sexe, et parfois de la folie. Ils ne sont plus dans le rejet ou le mimétisme. Ils sont dans l'exploration de valeurs différentes en dehors du regard et de la présence parentaux. Ces jeunes adultes ont l'illusion d'être détachés de leur famille. Quelques-uns croient que la distance physique aide ce processus ; aussi, sans hésiter, vont-ils s'éloigner et se recréer une famille amicale ou professionnelle à leur mesure, ailleurs. Ils peuvent continuer ainsi jusqu'à la trentaine, nourris par cette illusion, mais à ce moment-là, ce qu'ils ont tenté de fuir leur est soudainement renvoyé : ces jeunes, qui ont affirmé consciemment leur désir de fuir et d'être différents, ont oublié qu'ils ont un inconscient qui guide irrémédiablement leurs pas vers la blessure amoureuse qu'ils portent en eux. Ainsi, alors qu'ils croyaient improviser sur la scène du théâtre amoureux, ils n'ont fait que répéter les traumatismes affectifs de leur enfance. Un jour, alors que j'exerçais à New York, j'ai rencontré Joanie.

Joanie a 40 ans. Elle me dit, tout heureuse : « J'ai enfin brisé mon pattern *(modèle) amoureux. Je viens de quitter mon compagnon, non pas après trois ans de relation, comme je le fais habituellement, mais après trois ans et six mois. » Je n'ai pu retenir ma question : « Que s'est-il passé quand vous aviez 3 ans ? » À cela elle me répond : « Comment le savez-vous ? » Or, je ne savais rien d'elle. Simplement, je me doutais que les trois ans répétitifs de relation suivie avant une séparation signifiaient quelque chose pour son inconscient. Joanie me raconte alors que depuis l'âge de 21 ans, âge auquel elle a quitté la demeure familiale pour vivre sa vie, ses engagements amoureux n'ont duré que trois ans. À trois ans et un jour, elle se séparait, et ce jusqu'au jour où, avec son thérapeute new-yorkais, elle avait réalisé qu'à l'âge de 3 ans elle avait connu un abandon qui avait été très douloureux et qu'elle avait occulté. Malgré cette prise de conscience, elle ne réussissait pourtant pas à se libérer de sa blessure. C'est une séance thérapeutique de rebirth*[1] *qui le lui permit en libérant ses souvenirs refoulés : lors de cette séance, Joanie revécut son abandon. À compter de ce jour-là, Joanie a enfin pu changer de modèle de comportement amoureux.*

Il se peut que Joanie ait encore à explorer sa blessure et sa peur de l'engagement. Il est aussi étonnant de constater que l'horloge de l'inconscient est programmée par des dates de traumatismes[2], qu'elle remet en jeu au moment voulu tant que ces traumatismes ne sont pas réglés.

Tant que la blessure liée à l'abandon, au rejet, à la trahison, à la maltraitance, à l'humiliation, ne sera pas repérée, elle continuera de se répéter dans la trentaine, puis dans la quarantaine et la cinquantaine, jusqu'au moment où elle sera transformée, et, si possible, guérie. Avancer en âge n'offre pas de garantie quant à la guérison de la blessure fondamentale, car avec l'âge peut survenir un endurcissement du cœur. Les êtres deviennent détachés et, de ce fait, abusent consciemment ou inconsciemment de la confiance et de

1. Le *rebirth* est un mot anglais signifiant « renaissance ». Le père du *rebirth* est Leonard Orr. Dans les années 1970, ce terme désignait une technique de revécus de naissance et de libération des mémoires en relation avec la naissance ; cette technique ne se limitant pas à ces deux applications, Orr lui donne le nom de « respiration consciente ».
www.medecines-douces.com/annuaires/an_rebirth.htm

2. Évelyne Donnini, *Quand la peur prend les commandes, Comment comprendre et surmonter un traumatisme psychologique*, Montréal, Les Éditions de l'Homme, 2007.

l'amour de l'autre. Mais ce qui est douloureux dans la fuite en avant, c'est que le corps et la psyché s'épuisent à vivre douloureusement l'amour.

Le plongeon

Au lieu de fuir en avant, certains plongent la tête la première dans l'océan de l'amour et fusionnent avec l'autre pour éviter de se noyer. Ils entrent en relation de couple, non avertis, non préparés, non conscients d'eux-mêmes, et se préparent à vivre ce dont ils ont le plus peur : être rejetés, être abandonnés, être trahis, être maltraités, être humiliés, etc. D'autres y plongent à leur corps défendant, prêts à faire vivre à l'autre ce qu'ils craignent le plus pour eux-mêmes : l'abandon, le rejet et son cortège de souffrances. Inconsciemment, ils répètent ce qu'ils ont connu. Tous vont cependant se battre pour sauver leur jeune couple de la noyade. Ils ont l'impression d'y résister, mais leur combat quotidien les fait se noyer par épuisement.

Je ne peux que conseiller à ces jeunes adultes d'utiliser leur vitalité pour reconnaître et explorer le conditionnement dont ils ont été l'objet, ainsi que leur blessure, afin de s'orienter vers un amour libérateur.

Nous venons de voir comment nous naissons à l'amour depuis la vie intra-utérine jusqu'à l'âge adulte. Mais que se passe-t-il quand nous sommes adultes ? Comment vivons-nous alors notre quotidien amoureux, notre sexualité ? Sommes-nous toujours influencés par ce qui nous a marqués durant l'enfance ?

4
La personnalité amoureuse

Notre personnalité amoureuse dépend du positionnement que prend notre ego [1] vis-à-vis de l'élan d'amour qui nous habite et de celui que nous recevons. Quelle position adoptons-nous face à l'amour ? En tant qu'adultes, nous sommes libres de donner et de recevoir de l'amour, mais nous sommes aussi conditionnés par l'amour que nous avons reçu de nos parents et par la façon dont ces derniers nous ont aimés. N'est-il pas important de savoir où nous en sommes face à l'amour ? Jusqu'ici, nous avons essayé de comprendre notre naissance à l'amour depuis la vie intra-utérine jusqu'à l'âge adulte. Nous avons aussi vu comment le conditionnement amoureux dont nous avons été l'objet pendant notre enfance influence notre développement amoureux ultérieur. Pour

---

1. L'ego, c'est-à-dire la personnalité consciente avec toutes ses cuirasses. Voici ce qu'Alexandro Jodorowsky en dit : « [...] notre ego, peu importe le nom que nous donnons à ce facteur d'aliénation, n'est jamais qu'une pâle copie, une approximation de notre être essentiel. Nous nous identifions à ce double aussi dérisoire qu'illusoire. Et soudain, l'"Original" apparaît. Le maître des lieux commence à reprendre la place qui lui revient. Le moi limité se sent alors persécuté, en danger de mort, ce en quoi il a raison. Car l'"Original" finira par dissoudre le double. En tant qu'humains identifiés à notre double, nous devons comprendre que l'inquiétant envahisseur n'est autre que nous-mêmes, notre nature profonde ». *Le Théâtre de la guérison*, Paris, Albin Michel, 1995, p. 80-81.

mieux comprendre notre personnalité amoureuse d'adulte, écoutons l'amour qui vit en nous. Je vous pose trois questions. Soyez attentifs à vos réponses. Elles sont très révélatrices de votre positionnement intérieur qui relève soit de la souplesse, soit de la fragilité, soit encore de la contraction. Ces questions vous aideront aussi à entrer en profondeur dans les trois prochaines parties du livre. Les voici : qu'est-ce que l'amour pour vous ? ou, plus simplement, quelle est votre vision de l'amour ? Comment aimeriez-vous être aimé ? Pouvez-vous aimer comme vous aimeriez être aimé ?

Qu'est-ce que l'amour pour vous ?

L'amour est-il de la nature d'un mystère, tout comme la vie et la mort ? Il est une exploration continuelle qui ne peut être définie. « Qu'est-ce que l'amour pour vous ? » est une question qui nous invite à livrer notre vision profonde de ce qu'est l'amour. Cette vision dépend de la force de l'amour qui nous habite. Si nous en avons une représentation claire, c'est que nous sommes des êtres conscients de leur façon d'aimer. Il se peut que nous ayons atteint un niveau de transparence intérieure et abandonné certaines de nos protections. La vision que nous avons de l'amour met notre personnalité en accord avec notre âme. Elle unit notre cœur à nos actions. Nous ne dissertons plus sur l'amour, nous le vivons, nous le partageons dans une communion des êtres et des corps.

Plus nous nous dégageons consciemment des protections dont notre cœur s'est entouré, plus notre personnalité est souple. Plus nous connaissons nos aspects sombres et lumineux, plus nous pouvons identifier ce qui fait notre force et notre vulnérabilité. Plus nous connaissons notre blessure et l'assumons, plus il nous est possible d'aimer librement, dégagés des conditions habituellement imposées à l'amour. Nous entrons dans le don d'amour, qui est l'opposé de l'amour sacrificiel. Nous permettons à l'amour qui vit en nous d'agir à travers nous. Nous puisons en lui et nous nous en nourrissons sans calculer. Nous ne craignons pas l'amour. Nous nous y abandonnons et nous nous laissons nourrir par le simple fait d'aimer. Nous pouvons nous impliquer, nous engager tout en maintenant notre autonomie. Nous vivons dans le moment présent. Nous pouvons fusionner avec l'être aimé, et même nous perdre, car nous savons nous retrouver. L'amour devient une expérience créatrice qui se renouvelle constamment. Notre sexualité est naturelle, inventive, différente de ce qu'elle était auparavant. Elle nous inspire, elle nous ressource car il n'y a pas d'obligation. L'orgasme vient s'il vient, il n'est pas obligatoire, il n'est pas recherché, il est naturel, car le partage des êtres, des corps et du cœur est avant tout une danse des énergies créatrices de notre être en présence de l'autre.

Comment aimerions-nous être aimés ?

Si nous savons comment nous aimerions être aimés, c'est que nous connaissons nos besoins affectifs et la blessure qui les sous-tend. Cette question s'adresse à une personne consciente. Prenons Jean-Pierre ; sa blessure fondamentale est la trahison : il a besoin que sa femme l'aime et lui prouve qu'il peut avoir confiance en elle. De cette façon, Jean-Pierre se sent aimé. Yves, lui, souffre de non-reconnaissance : il a besoin que Bernard, son compagnon, reconnaisse en lui une personne de qualité qui lui est chère. Cette reconnaissance obtenue, Yves se sent aimé. Cela dit, savoir comment nous aimerions être aimés n'est pas une fin en soi, cela n'assure pas l'autonomie. Le danger d'être dépendant de l'autre est toujours là ; c'est toutefois le début du processus d'amour envers soi. Reprenons l'histoire de Jean-Pierre de façon plus détaillée.

Jean-Pierre sait comment il aimerait être aimé, il est donc conscient de ses besoins affectifs, il en parle à sa femme qui tente d'y répondre aussi bien qu'elle le peut. Mais si la femme de Jean-Pierre meurt demain, ou encore si la femme de Jean-Pierre se comporte d'une façon qu'il interprète comme relevant de la trahison, Jean-Pierre risque de s'effondrer. Si elle meurt, il se retrouvera sans la personne qui l'aidait à répondre à ses besoins affectifs, et s'il se pense trahi, il ne pourra plus l'aimer car son amour était basé sur la confiance qu'il avait en elle. Dans les deux cas, Jean-Pierre sera confronté au manque et au vide. Jean-Pierre est dépendant de l'amour de sa femme, mais il est avant tout dépendant de sa blessure et de sa peur de la trahison dont il ne s'est pas libéré.

Reconnaître comment nous aimerions être aimés est la porte d'entrée à l'amour de soi. Si nous savons comment nous aimons être aimés, qu'attendons-nous pour nous le donner en retour ? Yves, qui souffre de ne pas être reconnu, ne se contente pas d'attendre de la reconnaissance de la part de Bernard, il pratique aussi l'autoreconnaissance. Ainsi, s'il advenait qu'un jour Bernard quitte Yves, celui-ci continuera d'exister car il se donne ce dont il a besoin pour être amour.

Si nous ne savons pas comment nous aimerions être aimés, nous sommes dans l'errance, dans l'amour aveugle. Nous attendons tout de l'amour mais sans nous connaître et sans avoir conscience de ce que nous désirons. Nous risquons alors de chercher longtemps et aveuglément le sens de notre vie et notre sécurité dans l'autre. Nous avons besoin d'être « en amour » pour exister. De plus, nous sommes fragilisés par notre soif d'amour aveugle : ne sachant pas comment nous aimerions être aimés, nous pouvons nous laisser aimer d'une façon qui ne correspond pas du tout à nos besoins affectifs. Ce faisant, nous risquons sérieusement de nous faire mal. Prenons l'exemple de Josette.

Josette avait souffert d'être rejetée par ses parents, elle était très fragile sur le plan affectif. Elle errait d'homme en homme, de relation en relation, et se retrouvait souvent dans des relations au sein desquelles elle était de nouveau rejetée. Ces expériences augmentaient son sentiment intérieur d'insécurité et réveillaient sa blessure fondamentale. Josette était en grande souffrance, fragilisée par des amours qui la blessaient. Elle voulait être aimée, c'est tout ce qui importait pour elle. Pour cette raison, elle ne prenait pas le temps de s'assurer que les relations qu'elle nouait étaient bienveillantes.

Si nous ignorons comment nous aimerions être aimés, il nous est difficile de nous aimer nous-mêmes, de nous investir dans notre propre vie, nous préférons aimer l'autre pour être aimés de lui. Nous nous investissons dans *sa* vie. Cela est plus réconfortant et nous évite de nous regarder en face. Nous souffrons de la *maladie d'amour*. Nous voulons être aimés à tout prix, comme des mal aimés, ces hommes et ces femmes qui aiment trop. À la longue, cette forme d'amour crée un sentiment de distance par rapport à soi. Qui suis-je ? Suis-je moi-même ou suis-je devenu l'autre ? Nous ne le savons plus, mais peu importe : l'autre est là, c'est ce qui compte. S'il n'y a pas d'autre, c'est le vide, le trou noir, le sentiment de ne pouvoir s'accomplir.

Dans ce genre de relation, notre sexualité n'est ni une célébration ni un partage, mais elle répond à un besoin obsessionnel de fusion : être pris, être possédé par l'autre, tout lui donner jusqu'à la peau de notre âme [1]. Alors nous ne sommes plus, nous nous sommes quittés...

Aimons-nous comme nous aimerions être aimés ?

Si la réponse est oui, et que nous pouvons réellement aimer comme nous aimerions être aimés, nous avons une personnalité amoureuse souple et nous sommes capables du don de notre amour. Nous sommes dans le partage et nous nous préparons à vivre un amour créateur qui respire et qui peut grandir. Si la réponse est non, nous faisons partie de ceux et celles qui exigent de l'amour au lieu de donner. Nous demandons beaucoup à l'autre, par contre nous ne pouvons lui en offrir autant. Nous sommes encore des blessés de l'amour et nous avons besoin de nos protections. Nous savons comment

1. Pour Clarissa Pinkola Estés, les vêtements de peau, dont la fourrure, représentent un état affectif et une façon d'être au monde cohérents qui relèvent de la nature sauvage de l'âme féminine. Elle ajoute qu'il arrive que nous perdions l'impression d'être bien dans notre peau dans des circonstances particulières, en captivité par exemple. Elle écrit : « La peau d'âme disparaît quand nous ne parvenons pas à faire attention à ce que nous faisons [...] Il y a autant de façons de perdre notre peau d'âme qu'il y a de femmes sur terre. [...] ce vol de la peau d'âme peut se produire par l'intermédiaire de relations amoureuses qui ne sont pas elles-mêmes bien dans leur peau. », *Femmes qui courent avec les loups*, Paris, Grasset, 1992, p. 241-242.

nous faire aimer mais nous ne pouvons aimer en retour de la même façon. Nous sommes dans l'amour narcissique de la petite enfance : « Aime-moi, aime-moi, dit l'enfant, mais je ne peux t'aimer comme tu m'aimes. » Nous avons 3 ou 4 ans. Nous sommes contractés et nous nous protégeons face à l'amour. Nous avons besoin que l'autre nous porte, nous grandisse, nous admire, nous « aiiime ». L'autre, son regard, ses gestes d'amour, ses cadeaux nous sécurisent, nous flattent et nous rassurent, mais nous ne pouvons lui donner la même chose en retour. Il y a là une réelle crispation. Nous portons notre armure et nous nous tenons repliés derrière nos défenses. Inconsciemment, nous avons choisi cette position narcissique pour nous protéger et, de là, nous interrogeons : « Oh ! miroir, dis-moi qui est le plus beau ? qui est la plus belle ? » Nous avons besoin du miroir narcissique pour exister. Forcément, nous ignorons nos besoins et notre blessure, car notre désir narcissique et nos protections nous maintiennent à la surface de nous-mêmes. Et nous avons toujours peur d'être blessés. Nous souffrons d'insécurité même si nous avons l'air de contrôler la situation.

Le résultat est une grande incapacité à nous engager réellement : nous nous engageons en apparence, non en profondeur. Nous sommes des conquérants, des séducteurs, ou des possessifs qui ont besoin d'avoir la main sur l'autre. Nous ne voulons pas faire face à notre blessure. Nous refusons d'entrer en contact avec notre peur, qui peut aller jusqu'à la terreur, d'être abandonnés, rejetés ou trahis. Il nous est donc impossible d'aimer vraiment.

Alice, sous l'allure d'une femme autonome, cachait une grande blessure. Cette blessure fut ravivée par une relation abusive avec un homme plus jeune qu'elle qui dura sept ans. Alice est sortie de cette relation détruite. Elle ne savait plus si elle était encore belle, femme, désirable.

Après cette expérience, Alice, malgré elle, a adopté une position de protection face à l'amour, elle a régressé au besoin narcissique d'être aimée, flattée et reconnue. Elle trouva Jacques sur son chemin, Jacques qui devint le miroir dans lequel Alice, quotidiennement, admirait son image. Alice n'aime pas Jacques, elle aime la surface réfléchissante qu'il lui offre : « Ma chérie, tu es belle, tu es magnifique, tu es la meilleure, tu est "top" ! » Alice, qui était une femme autonome, se fait maintenant entretenir par Jacques, elle s'étiole, elle se perd dans son narcissisme. Elle devient de plus en plus exigeante. Son besoin narcissique prend des formes matérielles démesurées. Jacques « assure » sans être aimé en retour... Alice vieillit et elle a de plus en plus peur d'être abandonnée. Elle s'accroche à Jacques qui la nourrit de son soleil — mais ce pour combien de temps ?

Dans cette position amoureuse dans laquelle nous ne pouvons aimer en retour, nous contrôlons notre plaisir sexuel autant que celui de l'autre. Nous aimons faire jouir l'autre mais le geste n'est pas gratuit : il est une façon de nous maintenir au pouvoir. Notre orgasme est superficiel, feint ou tout simplement inexistant.

Le pouvoir initiateur de l'amour

Je viens de décrire des façons d'aimer et il se peut que vous vous soyez reconnu. N'ayez pas peur, l'important est de reconnaître que l'amour nous initie à ce que nous sommes parce qu'il nous met en présence d'états inconscients que nous n'avons pas résolus. Mais nous pouvons devenir conscients. Ces états, qu'ils soient des complexes ou des conditionnements amoureux, sous-tendent notre existence et notre relation aux autres. Devenons conscients, apprenons à nous connaître et évoluons vers un amour vrai et une réelle libération de l'expérience d'aimer. Comme nous l'avons vu antérieurement, nous avons édifié ces défenses au fur et à mesure de nos blessures affectives. Elles font partie de notre processus d'individuation qui s'étend du début de la vie jusqu'à la vieillesse. Carl G. Jung disait que nous naissons unis, puis que nous nous séparons de nous-mêmes et passons ensuite notre vie à nous réunifier. Il est possible de développer une personnalité plus transparente et plus souple afin de parvenir à une union entre son monde intérieur et le monde extérieur permettant d'aimer dans la créativité.

Nous pouvons connaître des phases de contraction amoureuse suivies de moments de fragilisation qui nous aident à acquérir une conscience plus profonde de nous-mêmes, voire à guérir de notre blessure. À l'inverse, nous pouvons débuter par une grande fragilité, puis nous contracter pendant des années, pour mieux nous ouvrir par la suite. Le chemin n'est pas prévisible même si l'on sait qu'il existe des personnalités types qui prédisposent à certaines façons d'aimer. Mais nous ne sommes pas limités par ces catégories. Comme le dit Khalil Gibran dans *Le Prophète*, l'amour peut autant nous élever que nous perdre. Se permettre d'aimer n'est-il pas se permettre de se laisser initier par une énergie plus grande que soi ?

5

Le corps et le conditionnement amoureux

Il va de soi que notre enveloppe physique porte les stigmates de notre naissance à l'amour et de notre conditionnement amoureux. Et notre corps est le reflet de notre inconscient. Il exprime dans sa chair, ses postures et ses contractions la blessure d'amour que nous avons refoulée ou occultée. Que ce soit l'abandon, le rejet, la trahison, l'humiliation ou la maltraitance, notre souffrance psychique a été absorbée par notre corps dans son entier comme l'encre par du papier buvard. Les études du psychanalyste Wilhelm Reich ont montré que certaines zones corporelles sont des lieux d'expression privilégiés de la blessure amoureuse et des protections mises inconsciemment en place pour s'en défendre. Le conditionnement amoureux et la souffrance qu'il cache se fait chair dans l'os sternal, le thorax, le cou, la langue, les yeux, dans les articulations des épaules, des coudes, des poignets et des mains, dans la région du ventre et les articulations des hanches, des genoux, des chevilles, des orteils et, n'oublions pas, dans la colonne vertébrale et ses déformations pendant la croissance. Ces régions sont reconnues par la psychanalyse corporelle [1] comme permettant la communi-

1. L'approche thérapeutique de psychanalyse corporelle que j'ai mise au point consiste à faire circuler les énergies bloquées dans le corps grâce

cation entre notre inconscient et notre conscient au sujet de l'amour ; elles sont les lieux d'expression privilégiés du mal aimé. La cartographie corporelle des blessures amoureuses est exhaustive. Les régions du corps ne sont pas seules concernées, les postures corporelles empruntées aux parents ou développées par compensation le sont aussi.

Postures corporelles et blessures d'amour

Il existe des postures corporelles qui sont fort révélatrices de la blessure fondamentale d'amour. Pour les fins de ce livre, nous allons explorer deux postures qui sont les deux extrêmes du même mouvement de balancier. Ces positions physiques témoignent de la même souffrance et cachent des blessures communes à tous les êtres humains. Elles sont l'expression de la réaction à la souffrance affective vécue au sein de la famille. Regardons ces deux postures dans les illustrations suivantes. La posture de type 1 est appelée « position du mal aimé », celle de type 2 « position de protection ».

à des exercices physiques et respiratoires. Elle permet aux patients de renouer avec leur personnalité et la vie de leur corps ainsi que de résoudre d'éventuelles névroses psychologiques. Il s'agit de la Méthode de Libération des Cuirasses, voir la note 1 p. 39.

La position du mal aimé

Postures corporelles du mal aimé

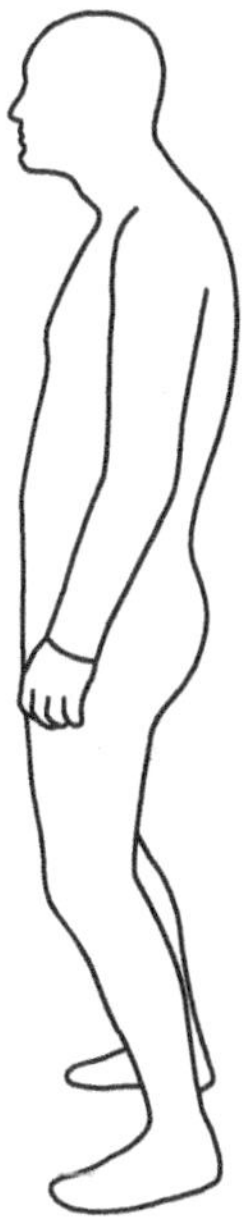

Type 1 : chez l'homme

Type 1 : chez la femme

Sous la cuirasse du mal aimé se cache celui ou celle qui n'a pas connu l'amour ou n'a connu qu'un amour abusif, violent ou étouffant. En réaction à cette souffrance, et par conditionnement, il a réagi en adoptant une position physique et psychique de victime, expression du mal aimé. Cette personne a généralement un tempérament de type fusionnel. Elle subit l'amour, elle est victime d'avoir été mal aimée, elle souffre. Son corps exprime de la tristesse, de la colère refoulée, de l'impuissance, voire du désespoir. Il trahit une passivité, une soumission à l'autre et à l'amour abusif qui sera davantage explicité dans la deuxième partie. Cette personne a tendance à trop aimer, à plonger dans l'amour aveugle. Elle a la particularité de *se nourrir de sa souffrance*.

La position de protection

Postures corporelles de protection

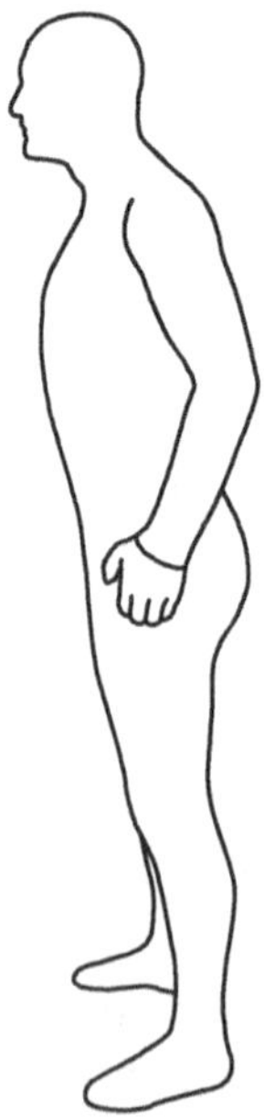

Type 2 : chez l'homme

Type 2 : chez la femme

La seconde position est une position de protection. Elle caractérise la personne au tempérament d'« attaquant », qui, en amour, a tendance à persécuter l'autre. Cette personne exige beaucoup mais elle n'aime pas en retour. Le « sauveur » amoureux, celui ou celle qui prend sur ses épaules toutes les victimes de l'amour et qui tente de les aider, peut adopter cette position. En effet, comme la victime est conditionnée à sa souffrance, qu'elle s'en nourrit, le sauveur ne parvient pas à son but initial, alors il la persécute[1].

La posture corporelle de type 2 exprime une tendance à aller de l'avant, à conquérir, à explorer, qui peut aller jusqu'au désir de posséder l'autre. Mais dès la conquête réalisée, la personne va voir ailleurs. Ce type de personne est à l'opposé du type passif. Il est dans l'action, mais il l'est trop. *Il se perd dans des conquêtes sans fin* et dans des relations qui sont parfois abusives. Il aura tendance à refuser l'engagement amoureux et l'intimité. Sous cette protection, nous trouvons celui ou celle qui, pour des raisons généralement inconscientes, s'est protégé de l'amour. Cette personne a connu la même souffrance que le mal aimé, à la différence qu'elle a réagi autrement.

Ces deux positions corporelles s'accompagnent de blocages respiratoires dès l'enfance. Le corps du mal aimé est bloqué en expiration. Il est dans le vide, le thorax creux, les épaules tournées vers l'intérieur, les bras impuissants. La

---

1. Le sauveur est l'un des trois rôles composant le triangle dramatique ; les deux autres sont le persécuteur, ou bourreau, et la victime. Tous trois sont pris dans un jeu de pouvoir préjudiciable pour tous. Cette configuration relationnelle a été mise en exergue par le Dr Stephen Karpman, un psychologue américain spécialisé en analyse transactionnelle. La plupart d'entre nous tombons un jour ou l'autre dans ce genre de triangle. À chaque fois, nous en sortons épuisés et meurtris. Site de Marc de Wilde : http : //www.executivecoaching.be

colonne vertébrale et les jambes sont affaissées. Le corps s'écrase vers la terre, il a de la difficulté à inspirer, c'est-à-dire à répondre oui à la vie. Cette posture témoigne d'une attitude psychologique de dépendance affective et d'attachement extrême. Au contraire, le corps en protection est bloqué en inspiration. Le thorax est bombé, rien ne peut l'atteindre, tout rebondit sur la cage thoracique. Ce corps se défend des sentiments et de l'amour : les mâchoires sont serrées, la tête est projetée vers l'avant, les bras sont en position d'attaque, le dos est arqué et les jambes campées en position de défense. Il se défend de ce qui est tendre et doux. La personne en protection contrôle son environnement, elle est libre et capable de se détacher, elle peut ainsi passer d'une conquête à une autre en laissant ses victimes derrière elle. Cette personne semble plus assurée que celle du premier type, pourtant elle cache aussi un mal aimé qu'elle fuit en se projetant vers l'avant, d'autres personnes à sauver, d'autres conquêtes, d'autres amours à bâtir puis à abandonner. Pas plus que la personne de type 1, elle n'a conscience d'elle-même.

Ces postures ont été inconsciemment adoptées par la personne durant son enfance. Elles sont une expression du conditionnement amoureux et de la blessure qui le sous-tend. Elles sont deux pôles d'étude et d'exploration à partir desquels peuvent se décliner toutes sortes de variations et de nuances selon l'histoire amoureuse inconsciente de chacun et de chacune. Elles sont l'expression de la relation à l'amour et du positionnement de la personnalité dans cette relation.

Notre corps, par sa posture, dit comment nous avons été aimés et notre blessure. J'ai souvent rencontré les deux types de postures décrits au cours de ma pratique, avec des nuances, bien sûr. J'ai donc pu voir des patients qui, après avoir exploré leur corps, après s'être libérés de leurs protections vis-à-vis de l'amour et de la vie, ont connu de réelles transformations, et dans leur corps, et dans leur relation aux autres et à l'amour. Lorsque le corps se transforme avec la permission de son « propriétaire », lorsque la respiration se fait plus libre, il s'ensuit un réel bouleversement des conditionnements qui ont mené inconsciemment à l'adoption de ces postures et des protections qui y sont liées.

6

Se libérer du conditionnement amoureux

La libération sur le terrain

Il est possible de se libérer du conditionnement amoureux. Il arrive que sur le chemin de l'individuation, la vie nous serve sur un plateau d'argent des libérations spontanées : nous nous sommes quittés, l'autre est décédé, nous nous sentons laissés pour compte, etc. Ces expériences douloureuses sont un vent de transformation qui, malgré nous, balaie nos conditionnements comme un cyclone. Vous connaissez peut-être ce type d'initiation par la vie : bien que vous soyez attaché à des formes d'amour traditionnelles, la vie vous amène à aimer différemment. Ce genre d'initiation est béni par certains et détesté par d'autres. Pour ma part, je considère que ces occasions font partie du mouvement de la vie et du cheminement personnel : vous pouvez les saisir lorsqu'elles passent, ou les refuser. C'est à vous de choisir. Plus votre façon d'aimer est conditionnée, moins vous disposez d'espace pour explorer ; plus tout est connu, programmé, plus il vous sera difficile de vous laisser toucher par l'amour. Je parle de l'amour qui se présente dans sa forme réelle, détachée, vivante, vibrante, créatrice, de l'amour qui permet d'explorer des dimensions inconnues échappant aux conditionnements imposés par les milieux familial, culturel et social. Le résultat est un changement profond que j'appelle la *libération sur le terrain.*

La libération par exploration

Il existe des façons plus recherchées de se libérer du conditionnement amoureux : l'introspection en est une, l'exploration des idées reçues sur l'amour et la tentative consciente de changer sa façon d'aimer en sont d'autres. Se libérer du conditionnement amoureux peut prendre une vie. Cela dépend du désir et du rythme de chacun. Voici quelques questions à se poser pour commencer la transformation de son conditionnement amoureux. J'attire l'attention du lecteur sur le fait que cette exploration a pour but de libérer l'amour de son enfermement à l'intérieur de soi. Accuser ses parents ou qui que ce soit d'autre ne produit qu'une blessure supplémentaire qui entame la vibration du cœur et limite l'expression de l'amour. Il est aussi important de souligner que cette libération ne se fait pas par l'attaque ou la victimisation, mais dans le respect de ce qui a été transmis et qui peut être transformé par soi seul. Je vous invite donc à vous responsabiliser : vous n'êtes pas qu'une victime de l'amour, vous en êtes aussi un créateur ; vous pouvez donc vous libérer et laisser à nouveau la vie et l'amour circuler librement en vous et autour de vous. Reprenons à présent ensemble le chemin qui va de la naissance à l'amour.

Votre naissance à l'amour

À propos de chaque étape du parcours, je vous invite à vous poser certaines questions.

La vie intra-utérine

Dans quelle atmosphère amoureuse ma mère a-t-elle vécu sa grossesse ? Si vous ne connaissez pas l'histoire de votre gestation, questionnez doucement votre mère si elle est encore de ce monde, car le sujet peut être délicat pour elle. Demandez-lui les conditions dans lesquelles elle vous a porté, observez vos réactions lorsqu'elle vous parle, écoutez votre corps.

Le rôle projeté sur l'enfant

Quelle mission m'a-t-on donnée avant même que je naisse ? Suis-je fidèle à cette mission ? Pour obtenir des informations, demandez à vos parents pourquoi ils vous ont mis au monde, et préparez-vous à recevoir une réponse. Si vous obtenez cette réponse, observez votre réaction intérieure et posez-vous la question : ai-je vraiment besoin d'être fidèle à cette mission ?

La relation d'amour entre le nourrisson et sa mère

Comment ma mère m'a-t-elle aimé à la naissance ? Quelles sont les idées reçues sur l'amour qui ont nourri sa façon de m'aimer ? Pour découvrir comment votre mère vous a aimé à votre naissance, questionnez-la avec douceur sur votre première année de vie : quel genre d'enfant étiez-vous ? Comment a-t-elle vécu votre arrivée ?

La relation d'amour entre le nourrisson et son père

Comment mon père m'a-t-il aimé ? Était-il présent ? Si oui, de quelle façon ? Questionnez votre père comme vous l'avez fait avec votre mère : quelle était son implication auprès de votre mère et de vous en tant que nourrisson ?

La rencontre avec la famille

Dans quel contexte suis-je né ? Quel type de conditionnement amoureux se transmet dans ma famille ? Quelles idées toutes faites ma famille entretient-elle sur l'amour ? Parlez avec vos frères et sœurs et écoutez-les : quelle est leur relation à l'amour ? Que vivent-ils dans leur relation de couple ? Qu'enseignent-ils à leurs enfants à propos de l'amour ? Leurs façons d'être présentent-elles un dénominateur commun ?

L'œdipe

Suis-je à la recherche d'un amour possessif ? Est-ce que je ne peux m'empêcher de faire des conquêtes ? Suis-je attiré par les figures d'autorité ? Vous souvenez-vous d'avoir été amoureuse de votre père ou de votre grand frère, si vous étiez une petite fille ? amoureux de votre mère ou de votre grande sœur, si vous étiez un petit garçon ? Comment avez-vous vécu cet amour ?

La partialité parentale

Ne suis-je amoureux que lorsque je suis en compétition pour la personne que j'aime ? Ne suis-je amoureux que si je dois défendre un territoire ? Vos parents étaient-ils partiaux ? Étiez-vous le préféré de l'un d'eux ? Est-ce toujours le cas maintenant ? Avez-vous reproduit cela avec des professeurs, des amis, des collègues ?

Une fois que vous aurez répondu à ces questions, vous saurez mieux en quoi consiste votre conditionnement amoureux. Entrons maintenant plus en profondeur dans le sujet avec quelques dernières questions.

La relation d'amour avec la mère ou le substitut maternel

Quels mots, gestes ou attitudes ma mère m'a-t-elle transmis par rapport à l'amour ? M'a-t-elle dit par exemple : « N'exprime pas tes sentiments, c'est dangereux, tu risques d'être blessé » ? Si oui, qu'avez-vous fait de sa remarque ? L'avez-vous suivie ? Et pensez-vous aujourd'hui comme elle ?

La relation d'amour avec le père ou le substitut paternel

Qu'est-ce que mon père disait de l'amour ? Quels gestes et attitudes traduisent le mieux sa relation à l'amour ? Diriez-vous, par exemple : « J'étais absent(e) du regard de mon père, je n'existais pas. Il ne me voyait pas comme son fils (sa fille) » ? Si oui, qu'avez-vous fait de sa remarque ? Et avez-vous toujours le sentiment de ne pas exister pour lui ?

La relation d'amour avec les autres membres de la famille

Quelles étaient les idées de ma famille sur l'amour ? Disait-on, par exemple : « L'amour est rare, la sécurité financière est plus importante » ? Qu'avez-vous fait de cette idée ? Êtes-vous encore de cet avis ?

La relation d'amour avec soi

Quelles sont mes idées sur l'amour ? Est-ce que vous vous dites par exemple : « L'amour n'est pas pour moi, je ne suis pas aimable, l'amour est dangereux, j'ai peur d'aimer » ? Ces idées vous conviennent-elles ? Souhaitez-vous continuer d'y croire et de les propager ? Sont-elles liées à quelqu'un, l'expression d'un amour qui vous enferme ?

Nous allons à présent clore cette première partie qui nous a renseignés sur le conditionnement amoureux dont nous avons été l'objet et que nous perpétuons inconsciemment. L'essentiel est de retenir que *nous sommes responsables de notre façon d'aimer*. Nous ne sommes pas des victimes de l'amour. L'expérience que nous avons de l'amour part de nous, non de l'extérieur. Se permettre d'aimer signifie se permettre de donner et de recevoir. J'ai souvent entendu mes patients me dire : « Comment puis-je donner de l'amour puisque je n'en ai jamais reçu ? » Tel est le langage du conditionnement amoureux et de la blessure fondamentale. Il est en effet impossible de donner de l'amour à partir d'une terre intérieure desséchée par un héritage qui a tué l'élan d'amour en soi. Il est cependant possible d'aimer en allant puiser à la source profonde qui existe en chacun, au-delà des complexes et des idées reçues hérités de son milieu.

Dans la deuxième partie, nous allons explorer un type d'amour que l'on rencontre aussi bien dans la relation de couple qu'en amitié et dans la relation parent-enfant : l'amour fusionnel.

Deuxième partie

L'amour fusionnel

1+1=1

« Car si l'amour vous couronne, il vous crucifie aussi. Et s'il est pour votre croissance, il est aussi pour votre élagage. »

Khalil Gibran, *Le Prophète*

Il n'y a pas de réelle expérience de l'amour sans fusion, c'est-à-dire sans communion d'être et d'âme. D'où la réelle difficulté d'aimer dans notre expérience d'être humain, car aimer signifie la capacité de fusionner avec ce qui est là, dans le détachement et la liberté. Il n'est pas question de désir, d'intérêt, de possession, d'attachement, mais d'expérience de l'amour qui unit toutes les vibrations sans conditions. Ce détachement réel, ce non-désir, ce lâcher-prise permettent la fusion, la communion d'un être avec un autre être ou encore d'un être avec la nature, l'univers.

Si l'amour est fusion, le qualificatif de « fusionnel » qu'on lui accole est tout simplement redondant. Alors pourquoi l'expression « amour fusionnel » existe-t-elle ? Parce que l'expérience de la fusion n'est pas nécessairement vécue dans le sens de l'amour, c'est-à-dire dans le sens du détachement et de la liberté par rapport à soi et aux autres. Un certain type d'amour a dévié dans son expérience de fusion : l'amour fusionnel. On nomme ainsi une expérience amoureuse dans laquelle l'état de fusion est non résolu, non assouvi. L'état de fusion n'est plus un choix, il devient un besoin qui remplit la solitude, le manque, le vide. Nous ne sommes plus dans la vie mais dans la survie. En ce sens, si la fusion peut nous fait connaître l'extase, elle peut aussi, malheureusement, nous conduire en enfer, notamment quand elle se termine par la séparation des êtres et des cœurs et la souffrance inhérente à celle-ci.

Lorsque l'amour vient d'une soif de fusion qui a pour mission de remplir un manque, et encore plus profondément un vide, c'est qu'il existe une blessure fondamentale latente. Cette blessure ressemble à un espace laissé vacant, lors de notre venue au monde, par l'être qui nous a portés, accueillis et nourris. Cette souffrance originelle est beaucoup plus profonde que le conditionnement amoureux décrit dans la première partie du livre. Pour cette raison, elle marque toute notre relation à la vie et à la mort, et, de ce fait, à l'amour. La douleur inconsciente qui lui est liée est si profonde qu'elle peut nous amener à nous détruire et à détruire autour de nous. Lorsqu'elle devient consciente, elle nous guide vers une plus grande compréhension des dimensions cachées de notre cœur. Nous quittons alors l'amour fusionnel pour un amour qui, dans son mouvement créateur, nous guide sur notre chemin d'individuation. Comme l'écrit Khalil Gibran, « tout cela, l'amour vous le fait subir afin que vous connaissiez les secrets de votre cœur et, au travers de cette connaissance, deveniez fragment du cœur de la Vie [1] ».

Certains utilisent l'amour pour se guérir, d'autres pour se détruire ou détruire tout ce qui touche à l'amour ; ces derniers peuvent aller jusqu'à se nourrir de haine et de ressentiment. L'amour est pourtant là pour nous initier : il nous invite à sortir de nos retranchements, il nous pousse à évoluer, à grandir vers la maturité intérieure et la connaissance de soi et des autres. L'amour, dans son expérience fusionnelle, est un outil puissant qui peut nous permettre de guérir de notre blessure fondamentale et de nous libérer de notre condition-

1. Khalil Gibran, *Le Prophète*.

nement amoureux pour une plus grande paix intérieure et la sérénité.

Par contre, dès que l'expérience fusionnelle de l'amour est vécue dans l'immaturité affective, avec une répétition inconsciente et incomprise de la blessure originelle, la danse des ombres intérieures [1] se met en marche avec son cortège habituel : sentiments de jalousie, possessivité, envie, ressentiment et destruction. C'est alors que l'amour est qualifié de « fusionnel » : ce n'est plus l'amour qui initie, c'est l'amour qui nous entraîne dans son mouvement de balancier de l'extase à la destruction.

1. Pour les jungiens, l'ombre est la partie inconsciente de notre personnalité. Daniel Cordonier la définit comme notre double inversé, celui ou celle que nous aurions pu être mais que nous ne sommes pas. Elle s'apparente à notre face obscure et inconsciente qui contient l'ensemble des traits de caractère que nous n'avons pas développés. *Le Pouvoir du miroir*, Genève, Éditions Georg, 2002.

1
La fusion et la personnalité

Nous ne pouvons parler de fusion sans parler de la première expérience de symbiose et d'osmose que nous avons vécue lors de notre vie intra-utérine, de notre naissance et des premières heures, semaines et mois qui ont suivi. C'est cette étape, à la fois si profonde et si inconsciente, qui conditionne toute notre relation à l'expérience fusionnelle de l'amour. Notre vie intra-utérine, notre naissance et nos premiers mois de vie sont scellés par ce que nous avons reçu des êtres qui nous ont entourés. C'est pourquoi la fusion peut réveiller en nous les parties les plus instinctives, animales même, jusqu'aux parties les plus élevées de notre être.

L'expérience de la fusion et ses étapes

La fusion est l'union intime qui vient de l'*interpénétration* de deux ou de plusieurs êtres ou choses. Cette union intime est créée par la combinaison avec quelque chose d'autre que nous-mêmes.

L'expérience de la fusion comprend plusieurs étapes que l'on pourrait considérer comme des paliers marquant une graduation vers un paroxysme. La façon dont chacun de nous, en fonction de son histoire, gravit les paliers de sa relation actuelle ébranlera ou non les zones blessées de son être et transformera sa façon d'aimer.

Le moment de la reconnaissance

Le premier palier est le moment de reconnaissance : nous reconnaissons l'autre avec qui nous allons fusionner. Est-ce que nous le reconnaissons par instinct, par réaction chimique ou biologique[1] ? Cette reconnaissance est un moment de communication puissant qui se vit par le biais des sens. Qu'est-ce qui nous touche ? Une odeur ? Un parfum ? Une couleur ? Un sourire ? Une mimique ? Une parole ? Une musique ? Un contact ? Plusieurs études[2] ont été faites sur ce qui crée la reconnaissance de l'être inspirant la fusion. Ces études ont montré que la reconnaissance passe par les sens. Le moment de reconnaissance peut engendrer des réactions différentes d'une personne à une autre selon ce qui a été vécu lors de la première expérience de fusion. Qu'elle se traduise par de la peur, une fuite ou une ouverture, cette étape de la reconnaissance peut déjà nous transformer si nous le permettons. Elle peut aussi créer la brèche qui nous ouvrira

---

1. Deux hormones stockées dans l'hypophyse, la vasopressine et l'ocytocine, seraient aussi des neuromodulateurs. Agissant au niveau du cerveau, elles auraient un rôle dans le processus de l'attachement. Jean-Didier Vincent, « La biologie à la conquête de l'amour », *Journal du CNRS, Amour et sciences*, n° 169, février 2004.

2. Chez l'homme, on pense qu'une combinaison de signaux sensoriels et de mécanismes hormonaux intracérébraux suffirait à la reconnaissance et à la création d'un lien indéfectible. La chimie du lien natal serait ainsi à la base de la première histoire d'amour mais aussi de toutes les histoires d'amour à venir.

à l'initiation par l'amour. Mais la fusion ne peut avoir lieu que s'il y a eu cette reconnaissance.

Nous sommes en présence de l'autre et, si l'alliage est bon, s'il y a correspondance, la probabilité de fusion est grande. Si, au contraire, il y a contraction, peur, grande différenciation ou froideur, l'interpénétration sera difficile, quasiment impossible. Dans ce cas, la fusion n'aura pas lieu.

Le moment de fusion

C'est le moment où notre être fusionne avec l'autre. Nous nous ouvrons à quelque chose que nous reconnaissons instinctivement et presque inconsciemment comme étant plus grand que nous, plus inspirant que notre nature même. Sous l'effet de cette reconnaissance, notre expérience vitale s'élargit. Notre corps, notre système nerveux autonome favorisent cette expérience en contribuant à l'apparition d'un état de détente, de relâchement par le biais d'une réaction hormonale qui nous permet de lâcher prise et de nous relier à l'autre [1]. Notre psyché et notre corps s'ouvrent et entrent dans un champ magnétique et éthérique [2] : l'autre s'apparente alors à un *outil de fusion*. Cette expérience est tout simplement et

1. Au commencement de leur rencontre, les personnes amoureuses vivent souvent « d'amour et d'eau fraîche », parce que leur sentiment les comble, mais, plus « chimiquement », parce que leur amour déclenche en elles une hormone procurant une sensation de satiété, de plénitude, de bonheur : la phényléthylamine. Cette hormone est l'amphétamine naturelle de l'amour et du bonheur. On la retrouve en petite quantité dans le chocolat par lequel un certain nombre d'entre nous essayons souvent de compenser le manque d'amour…

2. Éthérique est « un concept d'origine orientale qui s'inscrit dans la croyance d'un système énergétique accessible par la perception extra-sensorielle ». « Éthérique », Wikipédia :
http : //fr.wikipedia.org/wiki/%C3 %89th%C3 %A9rique

tout magnifiquement la transformation d'un état en un autre. Nous entrons en fusion totale.

Cette expérience d'élargissement du champ vital et la chaleur qui s'en dégage modifient l'état de conscience, l'altèrent, ce qui permet l'interpénétration des êtres. Nous faisons alors l'expérience, dans notre chair, dans notre psyché et dans notre âme, d'une transformation de l'état solide à l'état liquide [1]. Le temps linéaire n'existe plus, nous sommes hors du temps : une minute, une heure, une journée, une semaine, une année. Il n'y a plus que du non-temps. Il n'y a que l'union intime de nos affects, de nos corps, de nos âmes. Combien de temps pouvons-nous soutenir la fusion sans nous brûler, sans nous consumer ? Certains iront jusqu'à la mort, d'autres jusqu'à la folie. C'est pourquoi, à moins d'être un être éveillé, un être accompli dont le système nerveux peut soutenir la fusion, notre corps et notre psyché appellent inconsciemment le détachement, la rupture du lien. Ce palier survient pour nous libérer de l'expérience de la fusion et nous permettre de l'intégrer.

Le détachement

Le troisième palier est le moment du détachement. Le temps est venu de quitter l'expérience de la fusion tout en en

1. Freud lui-même empruntait le vocabulaire décrivant l'état des corps physiques pour décrire l'activité psychique. Thierry Simonelli remarque en ce sens que la condensation désigne le passage de l'état gazeux à l'état liquide (et, plus rarement, à l'état solide), et que la sublimation indique au contraire le passage d'un corps de l'état solide à l'état gazeux. De Freud, l'auteur écrit : « Ce qui l'intéresse dans le travail du rêve, et ce sera le cas également pour son inverse, ce sont les passages, les transpositions, les mouvements et les métamorphoses. » Site Psychanalyse.lu :
http ://www.psychanalyse.lu/articles/SimonelliReve.htm

conservant la qualité. Ce moment peut être vécu consciemment ou inconsciemment. Pendant la fusion, nous nous ouvrons, nous donnons et nous recevons, nous partageons avec l'autre notre cœur, notre âme, nous nous nourrissons et nous nous ressourçons. Mais au bout de quelque temps, des conditions apparaissent, il y a davantage de séparation, de limites, de frontières, d'impératifs temporels. Vient le moment de se retirer, remplis de l'expérience de la fusion. Vient le moment de laisser aller la fusion car le système nerveux a besoin d'assimiler l'état élargi de conscience que nous venons de vivre. Vient le moment de retrouver notre territoire propre, transformés par l'expérience. Vient le moment de nous retrouver nous-mêmes énergétiquement et psychiquement. Nous venons de nous agrandir. Notre propre monde intérieur, notre corps, notre psyché ont été touchés par l'autre avec lequel nous avons fusionné. À présent, nous constatons que notre perception du monde extérieur s'est aussi transformée. Nous voyons la vie différemment car nous venons de connaître un élargissement de notre être, de notre nature profonde, nous sommes plus riches intérieurement qu'avant. Il est temps d'intégrer cela.

Le sevrage

Le quatrième et dernier palier est le moment de sevrage, c'est-à-dire le moment d'intégration. L'expérience de fusion a fait de nous un être différent. Nous avons accepté de changer, de nous transformer, mais nous retournons à nous-mêmes. Nous quittons l'interpénétration pour nous réintégrer et goûter à notre transformation. L'amour est une expérience alchimique : il exige de nous que nous continuions de trouver la source de vie en nous-mêmes sans dépendre de l'autre. L'état de fusion ne peut être durable dans le temps sans laisser de traces dans l'être en entier. Les étapes de sevrage et de détachement sont nécessaires dans un quotidien amoureux. Elles permettent de respirer et de continuer à aimer sans vouloir posséder et sans souffrir. Comme Khalil Gibran l'écrit :

« Emplissez mutuellement vos coupes, mais ne buvez pas dans la même.
Donnez-vous à chacun votre pain, mais ne mordez pas dans la même miche.
Chantez et dansez ensemble, soyez joyeux, mais faites que chacun de vous puisse demeurer seul,
De même que les cordes du luth sont seules, même lorsqu'elles vibrent de la même musique[1]. »

Fusion et amour fusionnel : deux notions différentes

L'amour peut réellement nous guérir si nous nous laissons toucher par lui et si nous lui permettons de nous aider à transformer nos blessures les plus profondes. Ainsi l'amour nous fait-il évoluer du plan personnel au plan transpersonnel. En ce sens, il constitue une réelle élévation. Par contre, l'amour fusionnel peut nous détruire si, par son intermédiaire, nous nourrissons les aspects sombres de notre passé dont nous ne nous sommes pas libérés. Il devient alors un dérivé de l'amour qui, par les réactions de défense et d'attaque qu'il suscite, peut tuer en nous et chez l'autre ce qu'il y a de plus beau.

L'amour fusionnel est un amour qui se nourrit de notre première expérience, or celle-ci n'est pas nécessairement résolue. Et cette expérience n'a pas toujours été heureuse.

1. Khalil Gibran, *Le Prophète*, *op. cit.*, p. 21-22.

Peu de gens ont connu une fusion parfaite dans le ventre maternel et une fusion tout aussi parfaite à la naissance. Un certain nombre d'entre nous avons connu une expérience suffisamment enveloppante pour avoir soif de fusion. D'autres ont fait l'expérience d'une telle terreur qu'ils rejettent toute nouvelle fusion. L'alchimie qui s'est produite, ou non, entre le nourrisson que nous étions et notre mère est fondamentale. D'elle dépendent les expériences amoureuses que nous ferons plus tard dans notre vie d'adultes, expériences réconfortantes ou difficiles mais qui, de toute façon, nous feront grandir, nous transformeront, voire nous guériront.

Qu'en a-t-il été de notre vie intra-utérine ? De notre naissance ? De la coupure du cordon ombilical ? Qu'en est-il de nos premiers mois avec ou sans notre mère ? Sommes-nous capables de nous en souvenir ? Il n'existe qu'un seul moyen de nous connaître dans l'amour : c'est d'aimer.

Lorsque l'expérience de l'amour en reste au palier de la fusion et qu'elle n'évolue pas vers une élévation, c'est qu'il y a une fixation. La fusion n'a pas été assouvie dans le passé et, de ce fait, elle a perdu son caractère de transformation. C'est à ce moment-là que l'amour se voit qualifié de fusionnel. Ce n'est plus de l'amour, c'est de la régression. Qu'est-ce qui fait que des adultes se retrouvent à cette phase de fixation ? La réponse est fort simple : l'expérience de fusion qu'ils ont vécue avec leur mère n'a pas été résolue, elle n'a pas abouti comme elle aurait dû. Le diagnostic semble si simple. Malheureusement, quand la souffrance est si profonde, la guérison ne prend pas nécessairement le chemin de la simplicité.

J'ai rencontré dans ma pratique des femmes qui, lorsqu'elles étaient quittées par l'être cher en pleine fusion, éprouvaient des douleurs aux seins et au ventre telles qu'elles devaient se rendre chez le médecin. Elles n'avaient pas de maladie physique mais elles étaient atteintes de la maladie de l'amour fusionnel. J'ai aussi connu des hommes qui, dans la même situation, se sont également retrouvés chez le médecin avec des douleurs au ventre et au sexe. Telle est la maladie de l'amour. Douleurs au ventre, là où a été coupé le cordon de l'osmose intra-utérine, douleurs aux seins par transposition de ce qui a été vécu avec le sein maternel qui nourrit, douleur au sexe, voie d'expression de l'amour adulte.

Coupure, abandon, trahison, rejet, non-reconnaissance, maltraitance et tout ce qui va avec : le ressentiment, la colère, le désir de se venger, de posséder, de détruire, voire de tuer, pour ne plus souffrir, tels sont les dangers de l'amour pour qui n'a pas assouvi son besoin de fusion. N'est-il pas surprenant de savoir que notre vie d'aujourd'hui dépend de la façon dont nous avons vécu notre vie intra-utérine et notre naissance ? N'est-il pas urgent, pour vivre une vie plus sereine dans un monde meilleur, d'être conscients de ce qui mine l'amour ?

Un scénario idéal de fusion

Vous souvenez-vous de votre première expérience fusionnelle ? Étiez-vous bien dans le ventre de votre mère ? Étiez-vous seul ou deux à partager l'espace de son utérus ? Il nous est impossible de répondre à ces questions car nous n'avons pas de mémoire consciente de ces événements. En revanche, notre corps s'en souvient : ce sont ces douleurs qui nous envahissent lorsque nous nous séparons de l'être cher ; alors, elles reviennent spontanément à la surface – douleurs profondes qui nous font souhaiter ne plus avoir de corps pour ne pas souffrir.

À la naissance, le nouveau-né cherche instinctivement à fusionner avec sa mère. Sortant de son ventre, il recrée la symbiose avec elle afin de retrouver le cocon de la vie intra-utérine. Le cordon ombilical vient d'être coupé mais il tente d'en établir un autre, de nature psychique et énergétique [1]. Si sa mère n'est pas présente, si elle meurt, si elle fuit ou si elle est malade, donc absente, le nouveau-né, pour survivre, s'accrochera à tout substitut maternel pouvant le nourrir et lui apporter de la chaleur et de la sécurité [2]. Ce substitut peut être le père qui, avec son amour, pourra tenter de créer une symbiose avec son enfant privé de mère. Le nouveau-né a soif de sa mère. Il recherche instinctivement son odeur, sa chair, son sein. Ce moment, qu'il soit bien ou mal vécu, est le *moment de reconnaissance*. Est-ce de l'amour ou un pur instinct ?

Revenons à notre scénario : le couple mère-nourrisson entre dans cette phase d'évolution qui est appelée la *dyade*,

---

1. Françoise Dolto décrit le développement de l'enfant comme une suite de castrations : ombilicale avec la naissance, orale lors du sevrage, anale avec la marche et l'apprentissage de la propreté. Chaque fois, l'enfant doit se séparer d'un monde pour s'ouvrir à un nouveau monde. Chacune de ces castrations est une sorte d'épreuve dont l'enfant sort grandi et davantage humanisé. La responsabilité des parents est de l'aider à les franchir avec succès. *La Difficulté de vivre*, Paris, Gallimard, 1995 ; Jean-Claude Liaudet, *Dolto expliquée aux parents*, Paris, J'ai lu, 2000.

2. Les recherches ont démontré le rôle irremplaçable de la mère dans le développement somatique et psychique du bébé et du petit enfant. Bien que chaque mère s'occupe de son bébé d'une manière particulière en fonction de ses propres expériences, de sa personnalité et de ses idées, il y a quelque chose de commun et d'irremplaçable à toutes les relations entre une mère « suffisamment bonne », ou son substitut, et son bébé.

telle que décrite dans la première partie [1]. Tout l'univers du nourrisson est centré sur ses besoins fondamentaux. Dans l'idéal, sa mère ou son substitut répond à ses besoins de nourriture, de sécurité, d'enveloppement, d'attention, de tendresse, de caresses. Il n'y a plus rien qui existe que cet univers bébé-maman, rien n'entrave la fusion du nourrisson avec sa mère. Nous sommes dans la fusion idéale. Par contre, si le nourrisson vit mal cette étape parce qu'il ressent la fusion comme étouffante ou violente, il rejettera cette fusion. Et par la suite, quand il sera adulte, il persévérera dans son rejet de la fusion, cela même s'il la recherche.

Continuons : pour évoluer et aller vers son individuation, le nourrisson doit un jour quitter la dyade. Si cette première expérience avec la mère a été menée à terme, comme je l'expliquais dans la première partie, et si l'entrée du père dans le couple maman-nourrisson est vécue sainement, le tout-petit apprend à quitter le sein maternel pour s'ouvrir au monde extérieur, c'est-à-dire, en premier lieu, à son père. Nous en sommes au stade du *détachement symbiotique* qui est un passage crucial dans le développement de la maturité affective du bébé. L'attachement à la mère existe toujours, mais une étape a été franchie vers un autre stade de développement. Le père devient le lien avec le monde extérieur, la famille, la fratrie.

Vient ensuite le *sevrage*, c'est-à-dire l'intégration de la séparation. Le nourrisson apprend alors à se passer de sa mère ; il explore le nouveau venu, le père, tout en sachant qu'il peut retourner à sa mère. Ce sevrage peut être vécu en douceur ou violemment selon la maturité affective des parents et les circonstances de la vie. Il peut durer une année ou plus selon le niveau de conscience des parents et l'équi-

1. Voir la première partie, chapitre 1, « Le conditionnement amoureux », p. 24.

libre du triangle mère-enfant-père. Si cette étape est mal vécue, le nourrisson en restera profondément marqué dans sa psyché et dans son corps.

Ces expériences successives de reconnaissance, de fusion, de détachement et de sevrage sont une des bases du fondement de la personnalité chez l'enfant. Si elles sont bien vécues, elles aideront le tout-petit à développer un sens de lui-même, en premier lieu comme objet identique à la mère, et en second lieu comme objet qui se différencie de sa mère pour s'ouvrir à une tierce personne : le père. Au fur et à mesure de son détachement progressif d'avec sa mère, l'enfant devient un sujet[1]. Adulte, il pourra revivre cette expérience dans sa relation amoureuse, sans en être perturbé, car il aura la maturité affective, à savoir la sécurité intérieure, pour aimer dans l'autonomie. L'être aimé sera alors pour lui un outil de fusion qui servira l'évolution de sa personne.

Si, par contre, le nourrisson n'a pas connu la sécurité et l'enveloppement lors de la fusion avec la mère, son expérience de la fusion restera teintée de sentiment d'abandon, de rejet, de peur de la maltraitance. Le développement de sa personnalité se fera sur la base d'une insécurité profonde, de peur, voire de terreur. Et la relation prendra la forme de la contraction. Apparaîtra alors un besoin obsessionnel de

1. L'égocentrisme enfantin traduit l'indifférenciation du sujet et de l'objet ainsi que la confusion du point de vue propre avec celui d'autrui. Au départ, la conscience de soi n'existe pas chez le nouveau-né. Sa perception du réel s'affinera et se précisera au cours de l'enfance. Piaget distingue trois formes d'adualisme : jusqu'à 7/8 ans, le signifiant et le signifié sont confondus : le mot est la chose ; de 7/8 à 9/10 ans, le subjectif et l'objectif sont indistincts : l'intérieur est l'extérieur ; de 9/10 à 11/12 ans, la pensée se détache difficilement de l'objet qu'elle se représente : les concepts sont maniés avec difficulté. D'après Jean Piaget, cette évolution se fait de manière continue. *La Construction du réel chez l'enfant*, Paris, PUF, 1983.

l'autre pour recréer l'attachement qui n'a pas existé ou qui a été interrompu. Dans ce cas, l'amour devient avant tout la recherche d'un lien symbiotique et fusionnel. Certains adultes tombent alors malgré eux dans des phases de régression qui les éloignent de l'amour réel et réduisent la personne aimée à l'état d'*objet à aimer* plutôt que d'*être à aimer*. Les étapes mal résolues de la toute petite enfance peuvent mener à des réactions instinctives de dépendance et d'attachement irrationnel, elles peuvent aussi conduire à des conduites compulsives, voire destructrices. L'être aimé, objet de la fusion, servira de cible aux projections, aux angoisses et aux peurs de celui qui dit aimer. Certains iront jusqu'à éprouver le besoin de détruire l'objet de la fusion pour s'en libérer, ou de s'autodétruire pour ne plus vivre l'esclavage de la dépendance.

La respiration dans l'expérience de la fusion

Nous sommes tous capables de fusion. Certains l'appellent, d'autres la fuient, d'autres encore s'en nourrissent, s'y perdent pour se quitter eux-mêmes ou s'y perdent pour mieux se retrouver.

Notre capacité de fusionner dépend d'un élément essentiel à la vie qui est la respiration, le souffle de la vie, le souffle de l'amour en nous : nous naissons en inspirant et nous mourons en expirant. Nous allons vers l'orgasme sur l'inspiration, nous atteignons le sommet orgasmique en apnée pour terminer sur l'expiration. J'inspire, je fusionne, j'expire, je me détache, je romps la fusion, j'inspire à nouveau, je fusionne, j'expire, je me détache, j'expulse, je fais le vide, je meurs… pour mieux inspirer. C'est si simple !

Tel est le mouvement naturel de la vie, de l'amour et de la mort. Nous pouvons comprendre le grand mystère de l'amour par la simple observation de notre respiration. Nous pouvons aussi comprendre notre personnalité et sa construction par la façon dont nous respirons quand nous aimons. Corps, âme et psyché sont profondément liés dans la vie, l'amour et la mort.

Le blocage en inspiration

Certains d'entre nous vivent bloqués dans l'inspiration. Ce blocage est une vraie cuirasse de protection (voir illustrations p. 86). Notre thorax est fixé d'une façon telle que nos poumons semblent remplis d'air depuis la petite enfance. Nos muscles respiratoires, nos côtes, dans la position qu'elles prennent, entravent notre capacité à inspirer et à souffler pour mieux inspirer de nouveau. Nous empêchant de respirer, nous nous empêchons inconsciemment de ressentir, de recevoir et de partager. Nous nous défendons face à la vie et à l'amour. Nous nous protégeons de ce que nous pourrions ressentir face à tout ce qui est vivant et vibrant.

Le blocage en expiration

Certains d'entre nous vivent bloqués dans l'expiration. Ils sont figés dans la cuirasse du mal aimé. Inconsciemment, ces personnes ont adopté une position qui traduit le manque, le vide et le besoin d'être remplis, la dépendance, allant parfois jusqu'à une quête folle de fusion (voir illustrations p. 85). Dans une telle position, nous ne pouvons expirer davantage, nous sommes vidés, en perte d'énergie, attachés au désir de fusion et à l'autre qui en est l'objet. Cet autre, nous le recherchons sans cesse et sans cesse.

L'illumination et l'expérience de la fusion

Il est possible de vivre en état d'amour constant. Cet état est appelé Illumination ou Éveil. Nous possédons en nous-mêmes la capacité de fusionner avec le meilleur de nous-mêmes, le meilleur de l'autre et le meilleur de l'univers. Certains maîtres, certains mystiques sont en état de fusion continuel, en état d'amour. Ils sont plongés dans l'extase en même temps qu'ils vivent leur quotidien. Ils ne connaissent plus de séparation entre leur monde intérieur et le monde extérieur. Ils respirent. Leur personnalité est souple et transparente, leur corps est capable de soutenir la fusion sans se consumer. Le maître qui vit l'Éveil baigne dans la lumière de ses profondeurs et s'y nourrit sans limite. Il est Amour.

2

La personnalité fusionnelle

La personnalité fusionnelle caractérise tout individu qui a besoin de l'état de fusion pour se sentir vivant. Elle a deux visages semblables aux deux faces d'une même médaille : celui de la personne qui recherche la fusion comme un assoiffé de l'eau, et celui de celle qui la fuit, tel un danger, tout en la recherchant inconsciemment. Ces deux visages correspondent aux deux mouvements de pendule de l'amour fusionnel. Les deux positions extrêmes pourraient s'exprimer ainsi : « Je t'ai trouvé, je ne te quitte plus » et : « Plus je te fuis, plus je te cherche ». Si nous suivons ces mouvements extrêmes, c'est que nous sommes des drogués de l'amour. Nous voulons nous perdre dans l'amour car nous espérons trouver en lui une identité. À cette fin, soit nous allons jusqu'à faire don de notre individualité, soit nous fuyons car nous avons peur de la fusion comme d'un poison mortel irrésistible. Est-ce vraiment de l'amour ?

Nous sommes tous capables d'amour et, de ce fait, de fusion. La personnalité dite « fusionnelle » a cependant ceci de particulier qu'elle se fixe, se durcit ou se fragilise durant le processus de fusion. C'est pour cette raison que l'amour se voit qualifié de fusionnel. Et c'est à ce moment-là que nous pouvons malheureusement connaître une grande souffrance. De fait, il ne s'agit plus d'amour, mais de douleur, d'acharnement, de dépendance, voire d'addiction. La jalousie, l'envie et la destruction se manifestent également. Les ombres instinctives, animales, réveillées par l'expérience de l'amour fusionnel, dansent autour de notre cœur. Expérience initiatrice certes, qui nous révèle les côtés les plus obscurs de nous-mêmes et peut nous mener à une réelle libération de notre être pour le meilleur, mais expérience destructrice également, d'où peuvent surgir la maladie et la folie.

Demandez à un homme ou à une femme ayant une personnalité fusionnelle s'ils sont capables d'aimer. Vous recevrez deux types de réponse :

– celui ou celle qui a une personnalité fusionnelle *contractée*[1] vous répondra qu'il est incapable d'aimer et qu'il fuit l'amour ;

– à l'inverse, celui ou celle qui a une personnalité fusionnelle *fragilisée* vous répondra qu'il ne vit que par amour, qu'il est capable d'aimer mais surtout de trop aimer.

Nous sommes ici en présence de deux personnalités qui semblent contraires mais qui sont les deux visages d'une même personnalité ou d'un même complexe : celui de l'amour fusionnel[2].

Ces êtres ont ceci en commun qu'ils ont besoin de fusion pour se sentir vivants. Le plus étonnant est que la personnalité fusionnelle contractée a l'illusion de ne pas connaître la

1. Pour les notions de contraction amoureuse et de fragilité amoureuse, voir la première partie, chapitre 4, p. 73.

2. Un complexe est toujours constitué d'une paire d'opposés ; c'est ce qui lui confère sa nature énergétique comme Jung l'a montré. Il se manifeste comme une tension résultant de deux attitudes contraires et excessives, dont l'une est généralement inconsciente. C'est dans la mesure où la dualité demeure inconsciente, de même que l'un des besoins qu'elle traduit, que le complexe a du pouvoir sur la conscience. *L'Homme à la découverte de son âme*, Paris, Albin Michel, 1994.

fusion ; en fait, elle ne fait que la rechercher pour mieux la rejeter. Ainsi, si nous sommes contractés dans la fusion, nous refusons généralement de reconnaître que nous avons une personnalité fusionnelle. Nous considérons que la fusion, « c'est les autres ». Par contre, si nous avons une personnalité fusionnelle fragilisée, nous vivons constamment avec une impression de manque, de vide. Dès que la fusion fait défaut, nous avons l'impression de nous étioler, de végéter, jusqu'au moment où, de nouveau, nous retrouvons notre drogue.

Rappelons-nous que la fusion peut être une expérience créatrice si ses quatre temps, soit la reconnaissance, la rencontre fusionnelle, le détachement et le sevrage, sont vécus dans la conscience et la liberté ; dans ce cas, la fusion permet à l'énergie amoureuse d'épouser le mouvement naturel de la vie : donner, recevoir et intégrer, ou recevoir, donner et intégrer. Le processus d'individuation[1] est alors servi par cette expérience. Mais ce n'est pas ce que vit la personne qui a une personnalité fusionnelle.

Regardons comment l'individu ayant une personnalité fusionnelle traverse les quatre étapes de la fusion.

La phase de reconnaissance

C'est le moment où la personne « reconnaît » l'autre et voit en lui un objet possible de fusion plutôt qu'un outil. Cette phase est la première étape. Pour la personnalité non fusionnelle, cette étape est joyeuse. Il y a du mouvement, une rencontre qui peuvent nourrir ce qu'il ou elle est actuellement. La reconnaissance est vécue dans la légèreté de

1. Voir la note 2, p. 26.

l'être, non dans l'attraction dévorante et douloureuse. En effet, si nous nous connaissons, nous savons que nous sommes notre propre outil d'évolution. Dans ce cas, rencontrer l'autre devient une célébration.

Si, par contre, nous avons une personnalité fusionnelle, l'autre devient aisément un objet sur lequel nous projetons notre manque, notre vide, notre insécurité, voire nos peurs et nos défenses. L'autre devient notre « chose », une chose que nous reconnaissons et sur laquelle nous nous projetons. Nous ne voyons pas l'autre comme il est, dans sa beauté, sa grâce, sa nature originale. Nous le voyons au contraire de façon déformée et nous en faisons un objet que nous pouvons manipuler. Nous le cherchons, notre corps est en tension comme celui du drogué sentant que sa drogue n'est pas loin, et dès que nous le trouvons, notre tension s'apaise. Par la suite, soit nous nous agrippons à lui et refusons de le quitter, soit nous commençons à jouer au chat et à la souris. Nous sommes loin de la rencontre de l'autre dans la célébration. Ici, l'étape de reconnaissance s'apparente soit à une menace, soit à un sauvetage, soit à une fuite.

Une menace : l'histoire d'Anna

Un jour, à Montréal, je prends l'apéritif avec une grande amie, Anna, qui me raconte sa nouvelle relation avec un homme. Ils se sont « reconnus ». Elle me vante ses qualités. Je sens le cœur d'Anna ouvert, elle qui fut tant blessée. Par hasard, ou par synchronicité, pendant qu'elle me parle de cet homme, il arrive au restaurant. Elle ignorait qu'il fréquentait le même lieu qu'elle. Surprise, elle me le présente. Elle est figée, lui aussi. Finalement elle l'invite à s'asseoir. La conversation est banale, un malaise flotte entre eux. Il la regarde avec beaucoup d'attention, mais je vois mon amie qui tourne non seulement la tête mais le corps entier vers moi, évitant le regard de son compagnon. C'est à mon tour de me sentir mal à l'aise, je prétexte l'envie d'aller aux toilettes pour les laisser à eux-mêmes. Lorsque je reviens, Anna semble soulagée. La conversation s'est établie entre eux. Puis, soudain, l'ami d'Anna se met spontanément à parler de sa vie et de son travail. Il le fait avec humour. Je vois alors Anna se transformer en justicière : elle se met à l'attaquer, au début gentiment puis de plus en plus durement. Lui se contracte face à ses attaques. Je regarde Anna en train de détruire une relation naissante... Je suis triste pour elle, pour eux. Il se lève et trouve une raison pour partir. Une fois que nous sommes seules, j'interroge Anna : « Que fais-tu ?

- Comment ? Mais je bois un verre avec toi !

- Non, Anna, que fais-tu, là, avec cet homme ?

- Je suis en train de le détruire, me répond-elle spontanément.

- Mais qu'est-ce qu'il t'a fait ?

- Rien, sauf qu'il est trop, trop gentil, trop beau, trop aimant, trop attentif. Je suis trop attirée. Il est dangereux. Je risque de tomber amoureuse de cet homme. Voilà !

- Il est l'ennemi... déjà ? ne puis-je m'empêcher de lui dire.

- Oui ! Ça doit être cela. Je crois que je vais revoir mon psy... »

Une réaction instinctive, animale, devant le danger amoureux, consiste à attaquer l'autre, à se défendre contre ce qu'il représente dans notre psyché. Cette attaque n'est pas réellement fondée au sens où l'autre n'est pas en soi dangereux. À cela près que lors de l'étape de reconnaissance, si nous sommes contractés, nous projetons sur l'autre nos peurs et nos blessures. Nous percevons alors l'autre comme un danger réel pour notre personnalité blessée. La peur de fusionner est là. Un signal d'alarme est envoyé par le cerveau au corps entier. La cuirasse s'installe ou s'indure. Nos réflexes de survie face au danger se déploient : nous nous protégeons. Anna se défendait de l'étape de la reconnaissance qui la poussait vers cet homme, mais surtout de la fusion qui allait suivre. Anna a en effet une personnalité fusionnelle, elle n'a pas guéri de sa blessure d'amour initiale. Combien d'entre nous, comme Anna, vont jusqu'à « tuer » l'amour en eux et autour d'eux pour se maintenir ainsi hors du danger d'aimer et d'être aimés ?

La fuite devant l'amour est un autre réflexe de défense. Elle survient lorsque nous évaluons instinctivement que nous ne sommes pas assez forts pour nous défendre face au danger amoureux. Fuir nous permet ainsi d'éviter une situation de souffrance dont nous savons par instinct qu'elle nous fera perdre une partie de nous-mêmes. Fuir est certes permis. Par contre, fuir constamment est épuisant physiquement et psychiquement. Le résultat du réflexe de fuite est que nous vivons dans une grande solitude qui, à la longue, crée en nous un sentiment d'impuissance et de défaitisme. Il est possible de se cacher à soi-même ce sentiment car la fuite produit un soulagement immédiat. Mais lorsque nous soulevons le voile et regardons sous ce réflexe de survie, nous voyons l'évitement, la peur de se faire face et, surtout, la peur de se laisser initier par l'amour.

Une fuite : l'histoire de l'écrivain

Quand j'habitais le quartier du Vieux-Montréal, j'allais tous les jours prendre mon café-croissant dans un petit restaurant à côté de chez moi. J'y rencontrais chaque matin la même personne, un écrivain, qui s'asseyait tou-

jours à la même table, probablement sa table favorite dans ce lieu, et écrivait tout en prenant son café. C'était son rituel, et ce depuis des années. Un jour arriva un nouveau serveur, beau garçon, gentil et un peu séducteur. J'ai cru observer une attirance réciproque entre l'écrivain et le jeune serveur. Tous les matins ils échangeaient sur les grands thèmes de la vie. Ce dialogue semblait nourrir leurs univers respectifs. Quelque temps plus tard, il n'y eut plus personne à la table de l'écrivain. Un matin vint un touriste. Le jour suivant, la table était de nouveau vide. Je me dis que notre écrivain était sans doute malade. Une semaine passa, et je demandai au patron où était passé l'écrivain. Le patron me répondit qu'il était lui-même très surpris de son absence. Un soir, je marchais dans le quartier lorsque je reconnus la démarche de l'écrivain. Je pressai le pas pour adresser la parole à ce dernier et nous poursuivîmes notre route ensemble pendant un moment. Je m'enquis des raisons de son absence au café et surtout de son rituel matinal. Écrivait-il toujours le matin ? Voici la réponse qu'il me donna : « Vous savez chère madame, il y a dans la vie des rencontres qu'il faut fuir. Vous avez vu ce jeune homme. Il était un réel danger pour moi et pour ma création. Je serais tombé dans une obsession. Je me connais, c'est pourquoi je l'ai fui, juste à temps. »

Au contraire de cet écrivain, si nous sommes fragilisés, nous vivons la phase de reconnaissance comme un réel sauvetage. Nous disons à l'autre « Sauve-moi de moi-même ! » ou : « Prends ma vie, je t'appartiens ». L'étape de la reconnaissance s'apparente à un nirvana, une extase — mais bientôt suit l'enfer. Notre personnalité fragilisée n'a en effet pas de défense. Nous sommes alors possédés par notre sensation de manque, notre besoin de fusion et la quête obsessionnelle à laquelle celui-ci nous pousse. Déjà, les premiers signaux de la dépendance affective se manifestent. Les appels téléphoniques à répétition, les mails constants, les constructions de scénarios imaginaires, les conversations obsessionnelles avec des amis sur la personne désirée, le besoin irrépressible de contact charnel et le harcèlement psychique [1] font partie de l'étape de reconnaissance pour la personnalité fragilisée.

Un sauvetage : l'histoire de Christine

Christine sort d'une faillite et d'une séparation amoureuse douloureuse. Elle vit seule sur une île, dans les Antilles françaises. Ses amies, qui habitent en métropole, pressentent que Christine ne va pas bien. Elles la sentent déprimée et même suicidaire. L'une d'entre elles lui offre un billet d'avion pour venir en métropole se changer les idées. Peu après son arrivée, l'amie qui l'a invitée organise une soirée. Christine y rencontre Michel, un garde du corps « sauveur » de femmes en détresse. Les deux se reconnaissent immédiatement, d'autant qu'ils s'étaient déjà rencontrés aux Antilles peu de temps auparavant : ils se retrouvent donc comme par magie. Christine se laisse aller. Elle noue une relation avec Michel, qui voit en elle une femme à sauver. L'étape de reconnaissance est bien avancée lorsque Christine doit retourner sur son île. Là débutent pour elle les obsessions : appels téléphoniques,

---

1. Lorsqu'une personne est dominée par des besoins affectifs intenses, qu'elle les vit dans l'urgence tout en répétant constamment un scénario amoureux qui la conduit à une impasse, on parle habituellement de *dépendance affective*. Cette notion a été popularisée par Robin Norwood dans *Ces femmes qui aiment trop*, Paris, J'ai lu, 2003. Le *harcèlement [illegible]ue* commence dès que l'on veut rester en contact permanent avec [illegible]mé et que l'on met en place un amour « conditionnel » : on fait [illegible]ser sur l'autre le poids d'un amour dévorant.

mails, attente, messages à répétition laissés sur le répondeur, reproches multiples faits à l'autre, une réelle folie s'empare de Christine, qui n'est pas nourrie par Michel. Ce dernier a en effet vite repéré que Christine recherchait la fusion. Et comme il a lui-même une personnalité contractée, il se défend. Il met donc un terme à leur relation. Christine, quant à elle, en demande toujours plus. Michel fait la sourde oreille, il ne répond pas ; ce qui nourrit la quête obsessionnelle de Christine. Jusqu'au moment où les amies de cette dernière tentent d'intervenir car elles voient Christine prise dans un cercle vicieux de destruction. Que faire face à une obsession pareille ? Christine est l'ombre d'elle-même. Un mois plus tard, Éric surgit dans la vie de Christine. Il a aussi une personnalité fusionnelle. Christine peut alors fusionner avec Éric. Enfin, elle se sent exister. Ce nouvel homme accepte inconsciemment d'être son objet de fusion. Christine a trouvé le sauveur qui prend possession d'elle. La porte est ouverte, Christine se laisse prendre, posséder, elle a la sensation de revenir à la vie. Éric est son réveil-matin, il est le son de la cloche qui annonce l'Angélus, il est la voix qui, le soir, lui permet de s'endormir en sécurité...

Sommes-nous comme Christine ? Recherchons-nous à tout prix la fusion ? N'existons-nous qu'à travers l'amour fusionnel ? Avons-nous besoin de nous perdre pour avoir l'impression d'aimer ? Il y a des personnes qui recherchent à tout prix la fusion et pour qui l'amour n'existe pas en dehors de l'état fusionnel. Christine fait partie de ce groupe d'individus qui ont connu la souffrance d'avoir été abandonnés, rejetés ou non reconnus à leur naissance. Pour Christine, ce fut l'absence totale de père dès sa venue au monde, une blessure dont elle n'a toujours pas guéri. Christine ayant trouvé et reconnu Éric, elle peut maintenant nommer ce qu'elle a vécu avec Michel comme relevant d'un état obsessionnel. Elle le sait. Elle a toujours une personnalité fusionnelle, mais elle n'a plus d'obsessions car elle possède en ce moment un homme qui remplit son besoin de fusion et l'accompagne dans la vie. Christine n'est pas follement amoureuse de cet homme, mais elle lui reconnaît la capacité de se donner à elle entièrement. Elle est rassasiée, son besoin de reconnaissance et de fusion est satisfait.

La phase de fusion

C'est le moment où le moi, la personnalité, fusionne avec l'autre. Si notre personnalité est *souple* et que nous nous nourrissons de ce qui nous habite profondément, nous vivrons l'expérience de la fusion dans l'amour. Par la suite, nous utiliserons cet amour pour créer, pour partager, pour recevoir et donner. Nous serons aussi capables de nous détacher de la fusion pour mieux revivre notre amour et le recréer. Ce détachement de la fusion ne nous coupe pas du lien à l'autre et à l'univers. Nous sommes en résonance avec l'autre car notre personnalité est souple. L'autre n'est plus un objet, il est un outil qui nous permet d'évoluer. Notre personnalité n'est pas fusionnelle, elle est universelle.

Si nous sommes contractés, nous oscillons de l'un à l'autre des points extrêmes du balancier déjà évoqué. Nous faisons partie de ceux et celles qui ont soif de fusion mais qui n'arrivent jamais à fusionner avec un autre parce qu'ils sont contractés. Notre cœur, notre corps et notre psyché sont emprisonnés et durs. Nous recherchons l'état fusionnel tout en le rejetant : c'est la *fusion par rejet*. Et cette quête peut durer toute la vie. Toute la vie nous pouvons rêver de ce paradis inaccessible à notre être. Nous disons aimer, mais notre amour est dur car nous n'arrivons pas à nous abandonner à la fusion, à l'amour. Nous y croyons, puis n'y croyons plus. En fait, nous tournons en rond. Surgissent alors les jeux de séduction, de froideur, de cruauté inconsciente. Nous jouons au chat et à la souris. Nous prenons l'autre comme un objet que l'on goûte puis que l'on rejette. Nous pouvons même aller jusqu'à l'accuser de ne pas être un objet parfait de fusion. Nous ne réalisons pas que c'est nous qui cassons l'expérience de la fusion par nos attaques, nos défenses, nos peurs. Nous vivons dans la croyance que l'amour est douloureux et dangereux, mais c'est parce que nous ne voyons l'amour que sous le jour d'une fusion dont nous nous protégeons. Nous repérons l'objet de fusion, nous y croyons, c'est pourquoi nous attirons à nous la fusion. Mais dès que l'autre tente de fusionner avec nous, nous le rejetons. Nous désirons la fusion mais nous en sommes incapables. Nous sommes habités par la contradiction, nous faisons l'expérience d'une déchirure qui, à la longue, nous fait souffrir. Nous vivons dans une grande ambiguïté : incapables de fusion, nous souffrons, mais nous désirons la fusion précisément pour oublier notre souffrance. Nous sommes des mal aimés qui se sont défendus et contractés autour de la blessure d'amour.

Si nous sommes fragilisés, nous nous situons à l'autre extrême du balancier. Nous sommes happés par les sensations fortes que peut procurer la fusion et nous y restons fixés. Nous nous y identifions et, comme notre personnalité n'est pas suffisamment construite et développée, nous pouvons nous perdre. Nous souffrons parce que nous croyons que l'état amoureux fusionnel est l'unique raison de vivre. Pour cette raison, nous sommes prêts à tout pour vivre un état fusionnel, y compris à compromettre notre santé mentale et physique. Nous sommes des drogués de l'état fusionnel.

Nous traitons l'être aimé comme un objet que nous pouvons posséder, dont nous pouvons disposer à notre gré, voire que nous pouvons maltraiter si nous tombons dans l'obsession de la possessivité. L'autre est tour à tour objet de plaisir et objet de torture suivant qu'il se plie ou non à notre désir de le posséder. Nous vivons la fusion comme si elle était l'ultime étape de l'amour, comme s'il n'y avait plus de lendemain. Le choix est simple : soit vivre dans un état de fusion perpétuel, soit rien. Notre quotidien amoureux oscille entre le manque, quand l'autre est absent, le nirvana, quand notre besoin est assouvi, et l'enfer quand l'autre ne répond pas. Dans le mouvement extrême, nous mangeons peu, nous buvons peu, notre créativité est au point mort car toute l'énergie de notre être est dirigée vers la fusion avec l'autre. Plus rien n'existe, sinon assouvir notre soif démesurée d'amour fusionnel.

Une fixation à la fusion : l'histoire de Philippe

Philippe est dans la trentaine. Il est architecte, marié et il a deux enfants. Il vient me consulter parce qu'il est obsédé par une femme qui n'est pas son épouse. Le désir obsessionnel qu'il éprouve pour cette autre femme s'accompagne d'un intense désir de fusion, ce qu'il ne vit pas avec sa femme qui, selon sa description, est froide, dure et inaccessible. Je crois comprendre, à partir de l'analyse de ses rêves, que la personnalité de Philippe a été fragilisée par une expérience d'abandon maternel à la naissance. Philippe a en effet été adopté à l'âge de 1 an. J'invite donc Philipe à s'arrêter au manque d'amour qui l'habite depuis sa petite enfance. Il apparaît rapidement que Philippe a soif d'amour, et que la rencontre avec cette nouvelle femme a réveillé son manque et la blessure qui y est sous-jacente. Son besoin d'amour est immense. Il est impatient de connaître la fusion amoureuse tout en ignorant qu'elle relève avant tout de l'amour maternel. Lorsqu'il me décrit son attirance, il met en opposition les deux femmes : son épouse qui est mince et, selon sa perception, froide, et l'autre femme qui est bien en chair et, selon sa perception, chaleureuse et sensuelle. Il veut que je le guérisse de son attirance. Philippe ne réalise pas qu'il est en pleine régression infantile, c'est-à-dire qu'il se retrouve dans la position d'un enfant qui recherche sa mère, la chaleur du sein maternel, une attitude légitime chez l'enfant mais qui, chez l'adulte, n'est rien d'autre qu'une régression. Il ne comprend pas non plus que la blessure provoquée par l'abandon ne peut pas se guérir en deux semaines de thérapie...

Il doit d'abord apprivoiser l'enfant qui, en lui, vit cette souffrance. Philippe est de plus en plus impatient. Il est convaincu que répondre à son besoin obsessionnel de fusion avec cette autre femme lui permettrait de ne plus jamais souffrir. Il est aussi convaincu que celle-ci est la femme de sa vie. Je tente d'accompagner Philippe dans ce qu'il vit. Nous sommes au mois de décembre et nous approchons de son anniversaire, c'est-à-dire du moment où il fut abandonné par sa mère. Les enjeux inconscients et conscients sont très puissants. Je n'ai aucun pouvoir sur sa vie et j'assiste comme témoin au choix qu'il fait d'aller vers l'autre femme. Je décide de le soutenir dans son expérience, s'il accepte d'être aidé. Arrivent alors les vacances de Noël et nous prenons tous deux congé pour deux semaines.

Lorsque je revois Philippe, il a complètement bouleversé sa vie : il a quitté sa femme et ses enfants et il vit dans une ferme isolée avec sa nouvelle compagne. Il a pris un congé de son bureau d'architecte. Malgré son éloigne-

ment, nous maintenons deux rendez-vous par mois. Plusieurs mois passent, durant lesquels je continue de l'accompagner dans sa régression. Il n'est alors plus en mesure de différencier sa propre identité de celle de la femme qu'il aime. Il a besoin de se faire « materner » tout comme un nourrisson a besoin de l'être par sa mère. Il alterne entre des phases extatiques et des descentes aux enfers. Il nie toujours sa blessure fondamentale : le fait qu'il a été abandonné. Petit à petit, sa nouvelle compagne semble se lasser de l'emprise de Philippe et de l'isolement dans lequel ils vivent. Elle tente de revenir à une vie plus équilibrée et va jusqu'à essayer de quitter leur couple dans lequel elle se sent étouffer. Un matin, Philippe se retrouve seul, sa nouvelle compagne a disparu, elle a fui le nid symbiotique. Philippe est de nouveau abandonné. L'expérience est très douloureuse. Il se réinstalle alors en ville et continue de venir deux fois par semaine me consulter. À ce moment-là, il accepte de faire face à son abandon par sa mère biologique. Petit à petit, j'aide Philippe à guérir son enfant intérieur. Chemin faisant, il reprend alors contact avec ses enfants qu'il avait abandonnés tout aussi brusquement qu'il l'avait été lui-même. Sa femme a demandé le divorce. Philippe vit maintenant seul, il a la garde partagée de ses enfants. Il a repris son travail. Il est plus heureux et se prépare intérieurement à renouer avec une vie affective plus équilibrée.

La phase de détachement

C'est le moment de quitter la fusion. Cette étape est naturelle. L'important est alors de se retirer tout en conservant le lien. Le retour à l'état fusionnel reste possible car l'autre est toujours là. Nous nous retirons pour nous réintégrer... Dans une relation fondée sur un amour profond et réel, il n'y a pas de séparation : les coupes sont remplies, il est maintenant important que chacun boive à la sienne, dirais-je pour paraphraser Khalil Gibran. Un tel amour nous permet de nous positionner intérieurement différemment, il nous permet de nous détacher sans perdre le lien. Cette forme de rupture exige une grande souplesse de notre moi, de notre personnalité. Une capacité de détachement et une grande expiration sont également nécessaires pour passer à autre chose tout en restant lié à l'autre. La vie et l'amour sont une respiration profonde. Grâce à ce mouvement respiratoire, la fusion se termine et nous réintégrons notre espace intérieur, qu'elle a transformé.

Pour une personnalité souple, ce détachement, cette rupture d'avec l'état fusionnel amoureux, permet de se nourrir à quelque chose de plus vaste qui a été créé par la fusion. L'amour est toujours présent, la présence à l'autre aussi, mais il se vit désormais à travers la présence à soi. Savourer la « vastitude », la plénitude, tout cela se vit sans douleur. L'amour est là, qui remplit, qui guérit et qui enveloppe. La personnalité souple est capable de se nourrir elle-même, elle est détendue, décontractée. Ainsi peut-elle quitter la fusion sans souffrance après en avoir été nourrie.

Pour une personnalité contractée, qui croit que l'amour est douloureux et dangereux, cette phase de rupture s'apparente à une alerte à la bombe. Car si une telle personnalité se méfie de la fusion, elle se méfie encore plus du détachement. Si nous avons ce type de personnalité, soit nous coupons le lien fusionnel avant même qu'il se crée, soit nous commençons à le vivre pour immédiatement le rejeter. Cette coupure ressemble à une amputation de guerre faite en situation d'urgence avec des instruments de fortune : la phase de rupture est menée « à la va-vite ». Nous bafouons l'autre, notre objet de fusion. Quant à nous, notre propre blessure s'agrandit du fait des sentiments de colère et d'injustice que l'autre éprouve et nous reproche. La souffrance de l'autre ravive la nôtre. Nous qui étions un bourreau des cœurs devenons une victime. Sa colère et son ressentiment nous blessent et créent une nécrose au niveau de la partie de nous qui a été amputée. L'étape de détachement et de rupture est vécue avec une violence à laquelle nous pouvons rester fixés. Ce qui entrave la phase de sevrage et d'intégration.

La fusion par le rejet : l'histoire d'Alain

Alain avait toujours eu peur d'aimer. Comme il avait souffert de rejet dès sa naissance, il évitait les êtres qui pouvaient le rejeter. Il choisissait donc comme objet de fusion des femmes possessives. Il se nourrissait de leur jalousie tout en se plaignant d'être l'objet de tant de possessivité. Alain ne livrait jamais ce qu'il ressentait, il n'ouvrait pas son cœur. Et cette distance, qu'il entretenait, attirait les femmes qu'il rencontrait : plus il se montrait inatteignable, plus elles voulaient l'approcher ! De cela, il riait. Un jour, pourtant, il rencontra une femme comme lui et il se prit au jeu qu'il avait jusque-là fait subir aux autres : il devint celui qui voulait ouvrir le cœur fermé de sa belle. Cette femme le rejeta dès sa première tentative de fusion. C'est alors qu'Alain s'est présenté à mon cabinet. Dès son tout premier dialogue avec son inconscient lui apparut l'image de son corps avec des membres amputés. Cette image, très forte, lui fit comprendre que toutes les séparations qu'il avait connues, et toutes les ruptures qu'il avait mal vécues avaient été pour lui de réelles amputations de son cœur et de sa force vitale. Alain avait côtoyé *l'*amour en guerre, *pour reprendre l'expression de Guy Corneau*[1].

Chez une personnalité fragilisée, la phase de détachement et de rupture est vécue dans l'évitement, le déni ou la fuite. L'être fragilisé, dépendant de la fusion pour vivre, ne veut en effet pas la quitter. Le seul moyen d'échapper à la rupture est donc de la reporter, ce qui peut aller jusqu'à la nier. Nous faisons alors tout, inconsciemment, pour nous maintenir dans la relation de dépendance. Nous nous accrochons à notre objet de fusion. Nous ne voulons pas renoncer aux moments d'extase. Pourtant, nous accrocher à l'autre alourdit la relation si bien que les moments authentiques de fusion sont de plus en plus rares. Notre dépendance fait que nous en venons à détruire la relation et nous-mêmes. Comme nous sommes fragilisés, nous allons jusqu'à renoncer à notre identité pour nous maintenir en présence de la drogue qu'est l'autre. Ce faisant, nous ouvrons la porte à la maltraitance, à la manipulation, à la destruction. Nous pouvons aller jusqu'à accumuler les blessures pour avoir accès ne serait-ce qu'à un tout petit moment de drogue, un tout petit moment de fusion : entendre la voix de l'autre sur son répondeur, sentir son parfum, lui écrire. Nous pouvons aller jusqu'à nourrir mille fantasmes et construire autant de scénarios propres à alimenter la fusion même si celle-ci n'est pas vécue dans la réalité. Pour éviter de regarder en face la réalité de la rupture, nous pouvons multiplier les mécanismes de défense nous permettant de fuir le détachement car nous interprétons celui-ci comme un abandon, une cassure, plutôt que comme un éloignement pouvant nous permettre de nous retrouver nous-mêmes. Comme nous sommes fragilisés, nous ne nous nourrissons pas à notre être intérieur qui est pourtant notre

1. Guy Corneau, *L'Amour en guerre*, *op. cit.*

première ressource. Nous sommes à ce point remplis de l'autre que nous ne pouvons plus le sortir de nous-mêmes, sinon au risque de nous retrouver vides. Notre fragilité nous perd.

L'illusion de la fusion : l'histoire de Monique

Quand Monique vint me consulter, elle avait perdu beaucoup de poids, elle ressemblait à une toxicomane en manque. Elle me raconta qu'elle aimait un homme et qu'elle attendait qu'il reprenne contact avec elle. Elle était désemparée et hantée par des pulsions d'auto-agression. Ce sont ses amies qui lui ont fortement conseillé de demander de l'aide. Monique était amoureuse d'un homme marié. Pendant des mois, ils avaient connu un amour fusionnel. Durant cette période, cet homme avait été très disponible pour elle et tous deux avaient inventé des scénarios de séparation le concernant afin de pouvoir vivre ensemble. À cela près que son compagnon se réveilla un jour et se mit à avoir peur de perdre ce qu'il avait. Il lui annonça qu'il voulait espacer leurs rendez-vous pour éviter les questions de son épouse. Monique vécut cela très mal : elle ne croyait pas qu'un tel dénouement fût possible, elle le déniait. Parallèlement, elle ne vivait plus. Son quotidien était bâti autour du prochain moment de rencontre. Elle en oubliait même de manger entre ces moments, et continuait de maigrir. Lorsqu'elle revoyait cet homme, la fusion était tout aussi puissante. Monique « planait », comme elle me le disait… La fusion vécue lors de la rencontre la nourrissait psychiquement pour quelques jours, mais son corps montrait des signes de faiblesse physique qu'elle ignorait. Elle fut mise au repos par son médecin et sous antidépresseurs par son psychiatre. En écoutant

Monique, j'ai compris que l'homme qu'elle aimait était entré dans une phase de sevrage : il se préparait à rompre en espaçant les rendez-vous. De fait, un jour, il ne se présenta pas à leur rendez-vous. Il avait changé de numéro de téléphone portable et d'adresse email. N'ayant pas les coordonnées de son domicile ni celles de son bureau, Monique ne pouvait plus le contacter. Le sevrage était violent, d'autant plus que malgré mes interventions et celles de son psychiatre, Monique refusait toujours de voir la réalité en face. Elle était toujours sous l'emprise de la drogue fusionnelle. Elle était en manque. Dans ces circonstances, son système immunitaire chuta et un lupus se manifesta. Son corps somatisait la blessure d'abandon. Le diagnostic de la maladie fut pour elle un réel déclic. Monique se réveilla. Je l'ai invitée à se joindre à un groupe de femmes et d'hommes « mal aimés ». Elle accepta. À partir de ce moment-là, elle commença à prendre conscience de son besoin maladif de symbiose, de fusion. Petit à petit, nous avons entrepris sa reconstruction en débutant par un rituel de rupture et de détachement par rapport à son objet de fusion. Cela fait, elle put entrer consciemment dans l'étape de sevrage.

Il est très important de conscientiser le moment de rupture et de détachement. Reconnaître que nous devons mourir à la fusion pour renaître permet à tous nos systèmes physiques et psychiques d'entrer dans l'étape de sevrage et d'intégration. Si, au contraire, nous nions l'étape de la rupture et maintenons l'illusion de la fusion, nous ne pourrons pas progresser. Ceux et celles dont le moi est fragilisé seront alors dans l'incapacité de grandir, de mûrir affectivement et de s'individuer.

La phase de sevrage

C'est le moment durant lequel l'individu intègre les trois premières phases de la fusion. La phase de sevrage et d'intégration est la phase du retour à soi.

Pour une personnalité souple, ce retour est aisé parce qu'il est bon de se retrouver et de retourner dans sa maison intérieure. Nous avons accepté d'être transformés par la fusion, nous nous sommes inspirés de l'autre, nous nous en sommes détachés. Nous ne sommes plus les mêmes. Nous avons créé la distance nécessaire pour respirer, nous abreuver à l'amour qui nourrit notre cœur, notre corps et notre psyché. Cela nous permettra de retourner à l'autre, remplis d'une énergie nouvelle et créatrice.

Si nous sommes contractés, nous ne connaissons pas le sevrage et l'intégration car nous n'avons pas connu la fusion, ou si peu. Nous en sommes toujours à la phase de reconnaissance, aux prises avec la recherche de fusion et sans réellement la trouver. Nous allons cependant faire l'épreuve des phases de détachement et de sevrage des partenaires qui ont tenté de fusionner avec nous. Nous regarderons l'autre revêtus de notre armure face à l'amour. Nous le verrons souffrir sans comprendre sa souffrance, nous le verrons tenter de s'accrocher à une parole, à un sourire, ce qui nourrira notre sentiment de puissance et de supériorité. Nous jugerons l'autre faible et nous alimenterons la croyance que l'amour rend faible, esclave ou aveugle. Nous aurons pitié et notre cœur ira en se durcissant. Nous répéterons à notre partenaire que nous l'avions averti dès le début de la relation : nous ne l'aimons pas. Nous nous cantonnerons dans cette position, convaincus que le problème vient de l'autre et non de nous.

Une personnalité fragilisée peut vivre le sevrage très difficilement. Celui-ci constitue cependant une étape très importante pour la reconstruction à venir. Comme nous avons eu tendance à nous perdre dans l'autre, à nous laisser submerger par l'ivresse de la fusion, le détachement et l'intégration de la fusion sont d'autant plus nécessaires pour nous retrouver, nous réintégrer et nous rééquilibrer. Le moment est venu pour nous de contempler les forces inconscientes qui ont été soulevées par la force de l'amour. Le temps de sevrage nous donne le recul nécessaire pour retrouver notre corps, notre psyché et notre être tout entier : retrouver notre équilibre, retrouver ce qui est bon pour nous et notre épanouissement. Cette période peut être l'occasion d'une véritable introspection nous permettant de voir en nous les forces inconscientes qui nous ont amenés à revivre une symbiose fusionnelle. Prendre le temps de guérir de notre passé et de nous libérer du besoin d'appartenir à quelqu'un pour exister. Réapprendre à nous aimer et à reconnaître que notre potentiel d'amour et de créativité peut se déployer en présence de l'autre, mais aussi en compagnie de soi seul. Tels sont les défis que nous pouvons relever à cette étape.

3

Le couple fusionnel

Le couple fusionnel est formé de deux êtres dont la personnalité affective a besoin de symbiose pour exister. Qu'il s'agisse d'un couple homme-homme, femme-femme ou homme-femme, les deux partenaires vont, ensemble, devenir une seule et même personne. Ce qu'ils ignorent, c'est que le but inconscient de leur couple est de se guérir de leur fixation fusionnelle non résolue pour évoluer vers une vie affective plus mature et créatrice. Comme le disait Jung, nous revivons dans notre vie ou dans nos relations aux autres ce que nous n'avons pas résolu de notre passé et que nous avons refoulé.

Coup de foudre, territoire symbiotique et besoin de fusion

Le moment de reconnaissance, première phase de l'amour fusionnel, est vécu par les membres du couple comme un réel coup de foudre, une rencontre magique et extatique. Consciemment, ils se reconnaissent : à la voix, à l'odeur, au sourire, au regard, à la façon de se tenir… Tous leurs sens sont en éveil. « C'est l'homme ou la femme de ma vie »,

« Je ne veux plus la quitter, ma vie prend soudainement un sens nouveau », « C'est avec cette personne que je veux être », entend-on dire. Ce qui se passe alors inconsciemment, c'est que la psyché et le corps de chacun ont reconnu en l'autre, chimiquement et instinctivement, un objet possible de fusion. Comme le bébé qui cherche l'odeur de sa mère, sa voix, son contact, sa présence, les partenaires qui se rencontrent à l'occasion d'un coup de foudre se cherchent mutuellement, ils sont en pleine régression psychique inconsciente.

La vie devient plus légère, on a l'impression d'avoir des ailes, la sensation de faim disparaît, le sommeil n'est plus nécessaire, le manque est comblé, autrement dit tout l'être est pris dans un état de régression qui lui permet de se coller à l'autre, c'est-à-dire à la représentation symbolique de sa mère, et de jouir de lui. Le coup de foudre n'est pas le propre du couple fusionnel, nous verrons qu'il existe également dans le couple caractériel.

Le territoire symbiotique

Lorsque la première étape de reconnaissance est franchie, apparaît le besoin fondamental de ne plus quitter l'autre. Même s'il n'est pas possible pour les partenaires de vivre immédiatement ensemble, ils ne se quittent plus psychiquement : ils s'appellent constamment, s'écrivent, tentent de se voir le plus souvent possible et pensent l'un à l'autre au point de s'absorber psychiquement à distance ; penser à l'autre envahit le quotidien. Ils sont obsédés l'un par l'autre, assoiffés l'un de l'autre. Cela va durer jusqu'à ce qu'ils aient construit leur nid symbiotique : un lieu où le couple va pouvoir faire halte pour fusionner. S'il leur est possible de vivre ensemble, ils vont immédiatement le faire. Tant que ce territoire fusionnel ne sera pas trouvé, les partenaires vivront dans la fébrilité du corps et de la psyché.

Le besoin fondamental de fusion

Leur territoire créé, les partenaires du couple fusionnel commencent à vivre leur besoin d'être ensemble. Ce besoin est réel et profond, il est de l'ordre de la survie, de l'instinct, c'est-à-dire de ce qui est fondamental. Il n'est pas de l'ordre d'un simple désir, il est plus fort qu'eux : ils doivent se retrouver pour reproduire ce qui n'a pas été assouvi par le passé, soit la fusion avec leur mère. Que ce soit par fusion ou par rejet, ils vivent cette fusion. Ce besoin n'est pas rationnel, pas plus qu'il n'est calculé ou étudié. Il ne répond à aucune raison consciente évidente. Les partenaires peuvent être de milieux sociaux divers, pour ne pas dire diamétralement opposés, de races ou de cultures différentes, l'un des deux peut être marié et avoir des enfants et l'autre être libre – il n'est pas de loi sociale ou humaine qui puisse entraver la force de la pulsion fusionnelle poussant deux êtres l'un vers l'autre lorsque cette pulsion est reconnue et enclenchée. Le fait que cette pulsion ne soit pas raisonnée rend cette période de leur vie encore plus magique et inexplicable pour leur conscience.

Une fusion partagée jusqu'au bout : l'histoire de Françoise

Françoise sort d'une relation amoureuse avec Stéphane, un homme plus jeune qu'elle. Ce jeune homme l'a quittée pour aller vivre à Toronto où il souhaite étudier le shiatsu. Il n'a pas quitté Françoise, il a quitté une ville où il ne pouvait plus poursuivre ses études. Il aime toujours Françoise, ce qu'elle comprend intellectuellement. Mais la partie d'elle-même qui n'est pas mûre affectivement est submergée par sa blessure fondamentale liée à l'abandon. Françoise se dit que Stéphane l'aime toujours, elle tente de se raisonner, mais comme il est absent et le sera longtemps, elle se sent abandonnée par lui. Elle pleure matin et soir. Elle se sent vidée, impuissante, désespérée, seule et démunie, comme une âme errante sans domicile affectif. Pour remonter la pente, Françoise décide de se lancer dans la pratique d'un art martial : le kendo.

Quelque temps plus tard, un soir, Françoise se rend à son entraînement. Elle est en chemin quand la ville de Montréal est touchée par une panne d'électricité majeure qui la plonge dans le noir. Françoise décide de ne pas rebrousser chemin car ce soir-là, précisément, le senseï, c'est-à-dire le professeur de kendo, doit lui remettre son arme, le shinaï[1]*, préparée et huilée. Françoise monte les escaliers dans l'obscurité, l'odeur des huiles court dans l'air, des chandelles éclairent le dojo. En haut de l'escalier, elle reconnaît Michel, un pratiquant de kendo. Son corps grand et massif se découpe dans la pénombre ; derrière lui se trouve le senseï. Françoise est touchée par la lumière et la présence de Michel. Ce dernier la salue selon l'éthique du dojo et s'écarte pour lui laisser la place. Il ne porte pas son uniforme de kendoka. Pour la première fois, Françoise voit Michel sans son armure*[2]*. Elle est sous l'effet de l'étrangeté de la scène et des gestes de Michel. Elle aime ce qui émane de lui, elle perçoit son odeur en*

1. Dans le kendo moderne, on utilise principalement le shinaï, une arme composée de quatre lames de bambou, ou de fibre de carbone, et de pièces de cuir.

2. Le bogu, ou kendogu ou dogu, est l'armure de kendo.

passant devant lui. Elle sent que leurs champs magnétiques se rencontrent. Elle reçoit son shinaï des mains de son sansë. Michel est là, en retrait, il participe au rituel. Françoise est très émue par l'ensemble de la scène : la lumière des bougies, la couleur des tatamis, le senseï qui a revêtu son akama, le pantalon large, japonais, vêtement traditionnel du kendo, et la présence de Michel.

À cause de la panne d'électricité, l'entraînement est cependant annulé. Michel et Françoise quittent alors le dojo. Arrivés au bas de l'escalier, Michel offre à Françoise de la reconduire car tout est plongé dans l'obscurité. Françoise est en vélo. Il lui propose alors de lui ouvrir le chemin avec sa voiture pour qu'elle puisse voir clair dans la nuit. Françoise est touchée de la gentillesse de Michel. Elle accepte, elle prend son shinaï rangé dans son étui et le met en bandoulière sur son dos. Michel lui touche le bras et lui demande : « Mais où vis-tu ? » Françoise est surprise de la question. Elle avait l'impression qu'il savait où elle vivait tant tout était magique pour elle. Elle l'informe qu'elle habite dans le Vieux-Montréal. Il sourit énigmatiquement. Elle le regarde et attend. Il lui répond : « Je vais te reconduire à la maison. J'habite à une rue de chez toi. » Françoise sent ses jambes se dérober sous elle. C'est trop beau. Il est son voisin ! Elle enfourche son vélo. Tout au long du chemin, elle sent la joie s'emparer d'elle, une sorte de folie, une envie à la fois de pleurer et de rire. Tant de signes ! Elle a enfin trouvé l'homme qu'elle attendait, elle a enfin rencontré l'homme de sa vie. Elle en est sûre. Michel l'invite chez lui. Il lui montre sa collection de sabres japonais. Françoise se pince, elle a l'impression de rêver. Elle a l'impression qu'elle a trouvé sa terre, son pays dans cet homme. Depuis cette soirée, ils ne se sont plus quittés. Leur relation a duré trois ans. Françoise ne connaissait pas Michel et Michel ignorait tout de Françoise. Ils avaient en commun la pratique d'un art martial.

Ce que Françoise ignorait et qu'elle a découvert par la suite, c'est qu'elle venait d'entrer en relation avec un homme qui souffrait d'un besoin de fusion par rejet, alors qu'elle-même éprouvait un besoin de fusion pure. Elle ignorait aussi qu'elle venait d'entrer dans la relation la plus dépendante et obsessionnelle de sa vie. Cette relation lui permit d'aller au bout de sa maladie d'amour, de sa drogue, de s'en détacher, de se sevrer et de guérir.

Deux types de couple fusionnel

Dans ma pratique de psychothérapeute, j'ai souvent rencontré deux types de couple fusionnel : le premier type, je l'ai nommé « Monsieur, Madame trop plein et Monsieur, Madame vide », et le second « Monsieur et Madame vases communicants ».

Monsieur, Madame trop plein et Monsieur, Madame vide, ou la fusion impossible

Dans ce couple nous avons un partenaire qui souffre d'un trop-plein fusionnel tandis que l'autre est vide, en manque de fusion. Le premier réagit donc par le rejet de la fusion, le second en a au contraire besoin et la recherche. Celui-ci a soif de s'unir à l'autre pour vivre la fusion et disparaître en lui. L'autre en a aussi soif, mais certainement pas pour disparaître : il a besoin de son partenaire pour exister en le repoussant.

Le partenaire « trop plein » a souvent une personnalité indurée [1]. Son identité amoureuse pourrait se résumer ainsi : « J'ai besoin de fusion, je l'inspire autour de moi et en même temps je la repousse, car cette fusion est dangereuse ainsi que l'amour. » L'autre est alors une réponse au besoin fusionnel fondamental, mais il est aussi celui dont on doit se défendre. Le message adressé au partenaire « vide », qui a souvent une personnalité fragilisée, est particulièrement ambigu : « Je t'aime, je te veux, je ne peux me passer de toi, et je te repousse, je te hais, je vais même avoir envie de te détruire pour pouvoir exister. » Le partenaire « trop plein » est habituellement un homme ou une femme qui a connu une fusion dévorante ou violente avec sa mère, et dont le père était soit absent, soit trop faible pour intervenir. La grande difficulté de sa vie est qu'il se trouve aux prises avec un passé de symbiose dévorante. Pour cette raison, il semble toujours prisonnier psychiquement, comme si sa psyché était enveloppée d'une toile d'araignée maternelle qui l'étouffait ou le violentait. C'est cette toile psychique qu'il recrée autour de lui tout en voulant inconsciemment la faire disparaître afin de couper définitivement avec sa mère.

Le partenaire qui lui fait face est habituellement un homme ou une femme qui a connu une rupture brusque de la fusion

1. Le phénomène d'*induration* désigne le durcissement d'un matériel organique ou inorganique, s'accompagnant parfois de la transformation de ce matériel. Ainsi, un tissu biologique qui se durcit est dit *induré*. Pour Wilhelm Reich, le caractère est une modification chronique du Moi à laquelle on pourrait donner le nom d'induration. Cette modification est responsable de la chronicité des réactions caractérologiques d'une personne. Elle vise à protéger le moi contre les dangers externes et internes qui l'assaillent. En tant que mécanisme de protection permanent, le phénomène d'induration mérite parfaitement le nom de cuirasse que je lui ai donné dans *Le Déclic*, *op. cit.* La cuirasse, qui est un mécanisme naturel de protection, se fixe, se durcit et devient à la longue une prison qui tue l'énergie de vie dans le corps et la psyché.

maternelle et a fait l'expérience d'un vide symbiotique. Il est donc assoiffé de fusion, il a besoin de revivre cette expérience et de la mener jusqu'à son terme. Voilà pourquoi il entre avec joie dans la toile que l'autre lui tend et est prêt à disparaître en lui. Son message est : « Prends-moi, absorbe-moi, permets-moi de me perdre en toi, avale-moi », ce qui sera accompli. Ce que le partenaire « vide » ignore et qui lui sera intolérable, c'est qu'il se verra rejeté par la suite. Car celui qui a tissé sa toile autour de lui a besoin de le rejeter pour survivre ; il a besoin de « tuer » psychiquement son partenaire. Tout ce processus est bien entendu inconscient. Pour le partenaire « vide », ce mouvement de rejet est incompréhensible et surtout brutal, il le ramène à la rupture qu'il a connue nourrisson. Ce partenaire peut alors rapidement sombrer dans un scénario d'abandon ou de non-reconnaissance. C'est à ce moment-là que débute la relation de dépendance et pour l'un et pour l'autre.

Les deux ont besoin de l'autre pour régresser psychiquement jusqu'à leur blessure fondamentale. Le partenaire « trop plein » a instinctivement besoin d'avaler l'autre de nouveau, de se sentir étouffer puis de le rejeter pour sortir de l'emprisonnement maternel. Son vis-à-vis éprouve un besoin instinctif de s'accrocher et surtout de ne pas avoir de nouveau la sensation qu'il pourrait mourir du fait de cet abandon. Cette quête de survie, puissante chez le nourrisson, est tout aussi réelle chez l'adulte. À la longue, elle peut créer un déséquilibre à même d'entraîner la maladie physique ou mentale.

Ce que vivent les membres de ce couple fusionnel, ces drogués de l'amour, n'est toutefois pas de l'amour : c'est une expérience d'amour fusionnel et une tentative d'en guérir. Ce qui en résulte, à la longue, est soit une libération, une guérison, soit une destruction inconsciente de l'un des partenaires au profit de l'autre. Voyons maintenant les postures corporelles de ce type de couple.

Si nous prenons les illustrations A et B (*ci-dessous*), nous voyons que le trop-plein de l'un, thorax bombé et poitrine généreuse, remplit le vide de l'autre, thorax affaissé et poitrine creuse. Si nous prenons les illustrations C et D (*page suivante*), nous lisons dans le langage du corps que les deux partenaires sont complémentaires : la petite femme à côté du grand homme peut avoir l'illusion qu'elle est aussi grande que lui, quant à la femme qui a de l'embonpoint, elle peut avoir le sentiment de remplir le vide de son compagnon. Les êtres représentés par ces deux dernières illustrations ont l'impression de se compléter ; à cela près que, dans ce type de couple, l'un écrase l'autre car il veut exister à tout prix.

Postures corporelles de couples fusionnels

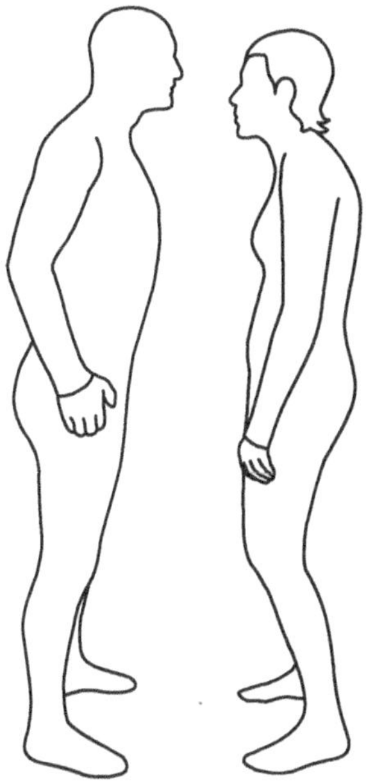

Couple A

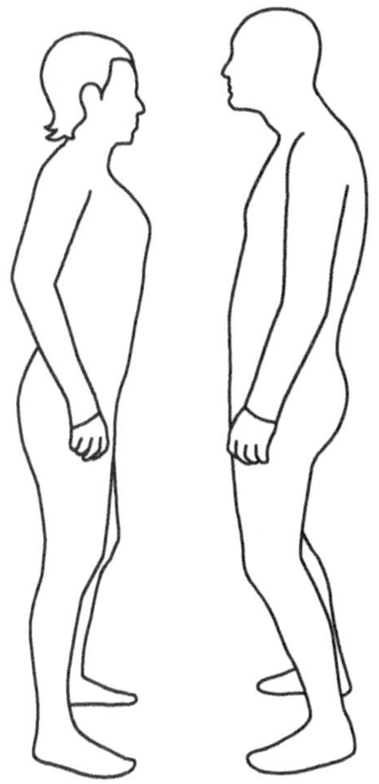

Couple B

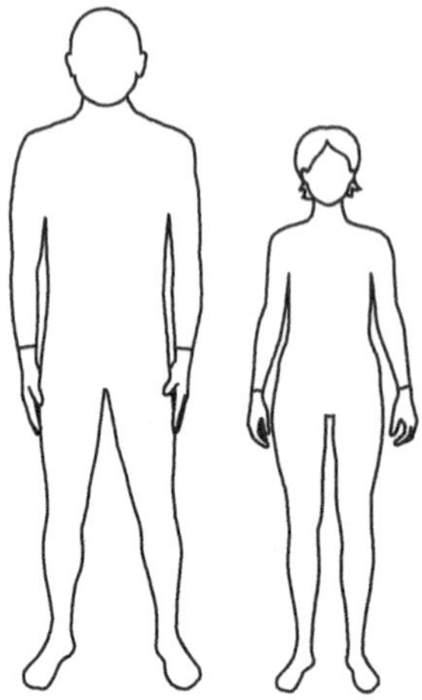

Couple C

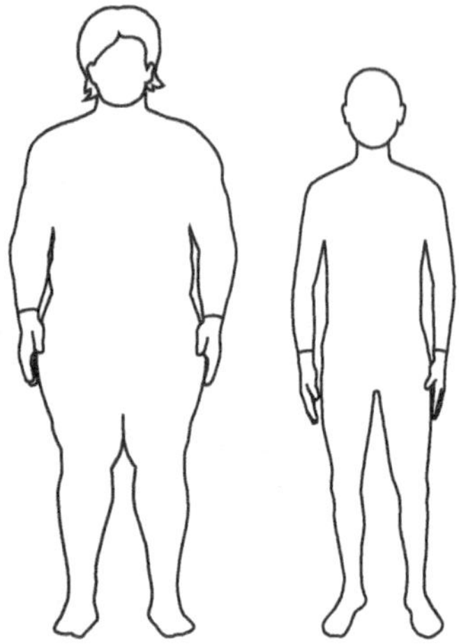

Couple D

Monsieur et Madame vases communicants ou la fusion totale

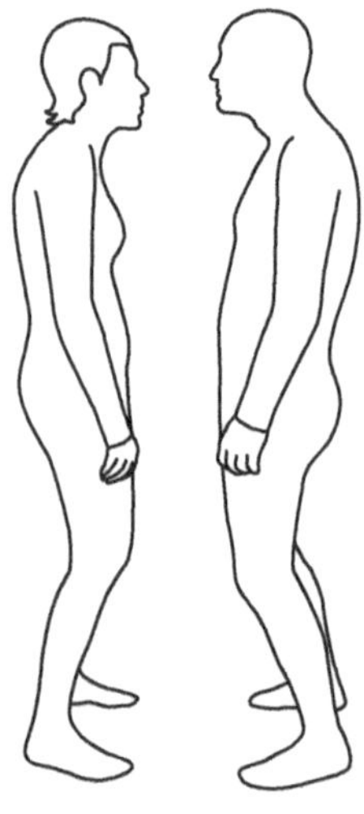

Couple E

Dans ce cas, les deux partenaires se rencontrent autour de leur vide réciproque. Il est cependant important de comprendre que ce vide est un plein refoulé, au sens où il résulte du blocage inconscient de la majeure partie de l'énergie vitale, et cela depuis la blessure originelle. Ces deux partenaires ont vu leur personnalité fragilisée par l'amour[1]. Habités par la même soif de fusion, ils sont prêts à disparaître dans l'autre pour ne faire qu'une seule et même personne. La régression est puissante et surtout inconsciente : il s'agit de retourner totalement dans le ventre de la mère, de s'y nourrir, de vivre la fusion. Survient alors une perte d'identité psychique : l'un se perd dans l'autre et l'autre se perd dans l'un. La position que les deux partenaires « vides » prennent pour se rencontrer est celle des vases communicants : l'autre est la moitié de l'un et l'un est la moitié de l'autre.

Une fois qu'ils se sont reconnus, les partenaires fusionnent et entament une lente régression alimentée au quotidien par le mouvement des vases communicants : ils ne peuvent plus exister l'un sans l'autre. Seuls, ils sont perdus, au point qu'à la longue, ils ne peuvent plus se réaliser individuellement. En fait, l'un se remplit pendant que l'autre se vide. Ils ne sont jamais vides en même temps, car cela signifierait qu'ils retournent à l'étape antérieure de leur rencontre, quand ils étaient tous les deux vides affectivement. Ils ne peuvent pas non plus être pleins de l'autre en même temps, car cela signifierait qu'ils n'ont plus besoin de la fusion pour exister et qu'ils sont capables d'entrer dans la phase de détachement et de sevrage. Loin d'eux cette idée ! Ils aiment au contraire être fixés dans la fusion. Pendant que l'un expire, l'autre inspire et vice versa. Ils ne sont qu'une seule et même respiration. Ce qui donne un aspect fugitif à leur expérience de fusion.

---

1. Voir la première partie, chapitre 4, p. 73, et cette partie, chapitre 2, p. 119.

Les partenaires s'abreuvent au même réservoir, ils boivent à la même coupe. Aussi, à la longue, n'ont-ils plus de vin en réserve. Ce type de relation est fondé sur la dépendance de l'un par rapport à l'autre, à l'opposé de l'amour fondé sur la création en présence de l'autre. Cette dépendance entrave les partenaires « vides » du couple fusionnel, elle les empêche de vraiment expérimenter l'amour avec ce qu'il peut signifier d'évolution, de maturité et de création. Quand l'un est heureux, l'autre est inconsciemment malheureux et jaloux de son bonheur ; ce dernier s'efforce donc, toujours inconsciemment, de saper la joie de son partenaire pour accroître la sienne. Quant au partenaire heureux, il tentera de remplir le vide de l'autre, de le rendre heureux en lui infusant son énergie. Ainsi ouvre-t-il les portes aux vases communicants. Désormais, le partenaire malheureux puisera dans le bonheur de son compagnon, quitte à le vider de sa joie. N'oublions pas que les deux ne peuvent être longtemps dans le même état. La même chose vaut sur le plan physique : quand l'un est fatigué, l'autre est en forme. Un jeu de « yoyo affectif » se met en place qui, à la longue, provoque une fatigue psychique. L'ennui s'installe car il n'y a ni joie ni souffrance partagées, la relation s'étiole et les partenaires retrouvent petit à petit le vide en présence de l'autre. L'individualité de chacun est morte depuis des mois, voire des années.

Le couple peut ainsi vivre longtemps jusqu'à épuiser son énergie vitale, et cela seulement au nom de la recherche de fusion. Les deux partenaires qui se sont rencontrés autour de leur vide cachaient en fait une profonde insécurité qui, pour un temps, a été camouflée par la sécurité d'être deux. Lorsque l'un des deux tombe malade, part ou meurt, il est fréquent que l'autre tombe également malade dans les mois qui viennent, voire meure à son tour. Certains s'en sortent et réussissent à vivre sans leur moitié. Des thérapeutes ou des amis les aideront à se reconstruire et à retrouver une individualité.

Finalement, ils apprendront à se nourrir de leur être plutôt que de l'autre. Pour en arriver à cette expérience d'individuation, le partenaire « vide » qui choisit de sortir de la fusion devra passer par les phases de détachement et de sevrage avant de pouvoir à nouveau ouvrir son cœur sans se perdre. Dans ce couple, représenté par l'illustration E (p. 150), deux moitiés forment une seule et même entité. La somme de deux creux thoraciques forment un plein.

La sexualité

Monsieur, Madame trop plein et Monsieur, Madame vide

La sexualité de ce couple est très différente de celle du couple des vases communicants. Chez le partenaire « trop-plein » prédomine le besoin de déverser en l'autre son trop-plein symbiotique, ce que le partenaire « vide » attend au-delà de tout espoir. Rapidement, ce dernier se sentira rempli, submergé, écrasé sous le poids du partenaire qui en a trop ; mais il aime cette sensation au plus haut point. Si nous prenons le cas d'une relation hétérosexuelle dans laquelle l'homme est « trop plein », il devra faire jouir sa partenaire « vide » une fois, deux fois, trois fois… Au bout de quelques mois, il lui fera atteindre des orgasmes multiples. Sa partenaire aura l'impression de connaître le nirvana, l'extase ; un état qui, dans son cas, est avant tout psychique au sens où c'est son vide intérieur qui est rempli. Certaines femmes décriront cette expérience comme un réel envoûtement. Celui-ci n'est pourtant pas de l'ordre du partage. Pour reprendre les termes jungiens, je dirais qu'il relève de la *possession psychique maternelle* [1].

L'homme quant à lui, habité par son trop-plein de fusion, ne parvient pas à éjaculer dans sa partenaire. S'il le faisait, il aurait l'impression de céder à la possession fusionnelle maternelle dont il a été victime dans son enfance. Aussi rend-il la femme folle de lui : il lui procure les plus grandes jouissances sans pouvoir se donner à elle. Or, par ce comportement, il la rejette inconsciemment. Ce qu'elle comprend instinctivement. Elle réalise que la relation, malgré les apparences, est vide, vide d'énergie, vide du partage réel qu'est l'amour. C'est alors qu'instinctivement, la femme « vide » ressent la domination de son partenaire. Débute un combat au cours duquel elle tente inconsciemment d'inverser les rôles. Elle souhaite que son partenaire éjacule en elle. Pour cela, elle use de tous ses atouts. Mais l'autre ne cédera pas. Colère, tristesse, sentiment de vide, désespoir, frustration marqueront désormais la relation sexuelle. Ce passage agit quelquefois comme un déclencheur : la femme se réveille et se fait aider pour sortir de sa dépendance affective. Le même type de relation sexuelle existe entre un homme « vide » et une femme animée par un trop-plein fusionnel.

Un type d'échange sexuel comparable est observable dans la relation homosexuelle. Un partenaire « trop plein » écrasera de son poids et de sa force physique le partenaire

---

1. Cette possession peut avoir été le fait de la mère, de la grand-mère, de la marâtre ou de la belle-mère. Elle peut être revécue par la suite avec toute femme avec laquelle se noue un lien de type maternel, une infirmière, par exemple. Dans son aspect positif, l'archétype de la mère a été associé à la sollicitude, à la sagesse, à la sympathie, à l'élévation spirituelle, aux instincts secourables, à la croissance et à la fertilité ; le côté négatif et démoniaque de l'archétype de la mère est associé au secret, à l'obscurité, au monde des morts, à la séduction et au poison. Carl G. Jung, *Les Racines de la conscience*, Paris, Buchet-Chastel, 1971.

« vide ». À la longue, il le dominera. Ce dernier a cependant de bonnes chances de prendre conscience de la réalité de la relation – à savoir qu'il est le jouet de l'autre, son objet de maltraitance et de domination, cela même s'il en est dépendant sur tous les plans : physique, sexuel, affectif et psychique. L'autre est imbu de son trop-plein qui lui donne un sentiment de toute-puissance grâce auquel il domine et manipule son partenaire.

Monsieur et Madame vases communicants

Ces partenaires ont une sexualité organisée autour du manque. Les deux font l'amour avec un miroir, ce qui n'est pas satisfaisant sexuellement mais l'est affectivement. L'échange sexuel dans ce couple relève en effet avant tout d'une quête de sécurité affective. Les deux ont soif d'absorber la substance de l'autre pour remplir leur manque affectif, mais ils ne peuvent le faire en même temps. Lors de la relation sexuelle, l'énergie de l'un sert de tremplin à l'orgasme de l'autre. L'un des partenaires s'élève et prend sa force dans l'autre. L'un est rempli et satisfait pendant que l'autre se donne et se vide. La frustration s'installe inévitablement car les partenaires atteignent rarement l'orgasme ensemble. En fait, dans ce type de relation, l'orgasme est atteint en présence de l'autre mais sans partage, c'est-à-dire sans réelle fusion entre les deux partenaires. Pour beaucoup de gens, cela est amplement suffisant, car ce qui est essentiel pour eux n'est pas la jouissance mais la sécurité. Et cette dernière est nourrie par la présence de l'autre. Dans ce couple, la sexualité est une assurance vie affective, autant dire l'opposé d'un acte créateur.

4
Se guérir de l'amour fusionnel

Que nous soyons seuls ou en couple, nous devons reconnaître que nous faisons tous l'expérience d'un certain vide intérieur. En général, nous n'avons pas conscience de l'existence de ce vide. C'est un événement soudain qui nous le fait découvrir : la perte d'un emploi, une séparation ou un divorce, la mort d'un être cher. Ces événements peuvent nous précipiter dans l'expérience du vide parce que le choc affectif qu'ils provoquent fissure les protections que nous avions dressées, voilà longtemps, autour de notre blessure fondamentale. Confrontés à de tels événements, nous pouvons soudainement nous retrouver en train de ressentir un vide intense qui peut se traduire jusque sur lc plan physique : dans le ventre ou le plexus, au niveau du cœur. La sensation peut être à ce point douloureuse qu'elle nous fait hurler de douleur ou nous plier en deux, nous recroqueviller. Certains d'entre nous se tordent, se frappent la poitrine. Ces gestes, qui sont quasiment instinctifs, je les ai vus dans mon bureau de psychothérapeute, je les ai également vus maintes fois sur des photos représentant les horreurs de la guerre, et je les ai encore vus, dernièrement, à la télévision, dans une émission portant sur les réactions aux attaques terroristes. Ce sont les gestes instinctifs que nous avons tous face à une souffrance intolérable.

Nous ne provoquons pas volontairement la rencontre avec notre blessure fondamentale et le vide qui l'entoure. Nous la vivons quand la vie nous y confronte, ou quand nous nous trouvons face à elle parce que nous avons décidé de traverser le précipice pour nous libérer de notre souffrance. Comme je l'ai déjà écrit [1], ce vide n'est pas vide, il est plein d'une souffrance liée à l'abandon, au rejet, à la non-reconnaissance, une souffrance dont nous nous efforçons instinctivement de nous éloigner pour nous protéger. Sans compter que, comme je le disais dans la première partie, nous n'avons pas été habitués à « côtoyer » notre blessure. Notre famille nous a plutôt aidés à construire des protections : nous nous sommes distanciés de nous-mêmes, nous avons fait nôtres les conditionnements amoureux qui nous étaient imposés, souvent au point de divorcer d'avec notre nature profonde, de nous éloigner de notre enfant intérieur et de notre âme. Cette distance, cette séparation intérieure créent le vide. Pour ces raisons, guérir de l'amour fusionnel est une invitation à côtoyer le vide. Or, cela demande une maturité intérieure. Cette dernière exige d'abord que l'on se défasse des couches protectrices qui recouvrent le vide et qui nous maintiennent dans la dépendance affective. Ces couches s'apparentent aux pelures d'un oignon ; elles s'appellent compulsions, manques, besoins affectifs inassouvis.

Si l'amour fusionnel est si attirant, c'est qu'il donne l'illusion de pouvoir combler le manque. Chaque partenaire pense trouver en l'autre celui qui le soulagera de ce qui est insoutenable en lui-même. L'autre devient alors le centre du monde, la matrice au sein de laquelle il fait bon vivre. Et cela va durer jusqu'à ce que ce contrat de bonheur, de plénitude et de totalité ne soit plus honoré. Se libérer de la dépendance fusionnelle implique d'oser marcher sur le bord

1. *Le Déclic*, *op. cit.*, p. 91 et 93.

du précipice et même le traverser. Pour la majorité d'entre nous, côtoyer le vide demeure cependant impensable, cela parce que nous n'avons pas pris le temps d'apprivoiser notre dépendance affective. Nous nous laissons mener par elle. Nous préférons emprunter le chemin des compensations car il nous donne l'illusion d'être vivants et nous procure des plaisirs rapides et faciles, même s'il s'agit là d'une forme de bonheur factice. Ces compensations, qui masquent nos manques, nos besoins affectifs et notre vide intérieur, sont pourtant de réelles prisons. Les multiples compensations que nous utilisons pour masquer le vide et l'absence constituent les barreaux de notre prison. Quant au cœur de la prison, c'est l'amour fusionnel.

La prison dorée de l'amour fusionnel

Comme nous l'avons vu antérieurement, l'amour fusionnel peut devenir une réelle prison du fait des liens de dépendance à l'autre qui nous font aimer ou fuir au péril de notre vie. Car si nous sommes des drogués de l'amour, nous sommes surtout des dépendants affectifs qui refusent de se reconnaître et de s'aider.

Pour avoir travaillé avec des gens qui se droguaient de toutes sortes de façons, je dirais que la pire drogue est la dépendance à l'autre. Les autres drogues sont bien réelles, elles font mal au corps, au cœur et à l'âme. Mais elles ne sont que des substituts symboliques au vide affectif et à l'immense besoin d'amour sous-jacent à ce vide. Elles sont un appel à l'amour. Prenons l'exemple des drogués du travail, du jeu, de l'argent, de l'alcool : tous, par la fusion avec ce que nous venons de nommer leur objet, recherchent l'amour, l'affection, la tendresse, tous tentent de vivre la fusion qu'ils n'ont pas connue. Et la souffrance liée au vide qu'ils éprouvent est si profonde qu'il est humain de leur part de la fuir, de la nier et de vouloir la reléguer aux oubliettes. Il est plus facile de devenir dépendant que d'oser faire face à son immense besoin affectif.

Sortir de cette prison dorée exige de nous que nous nous responsabilisions face à notre blessure, que nous prenions en charge le besoin affectif qui y est lié et quittions petit à petit nos murs et nos barreaux pour explorer l'amour de nos propres ailes.

Les dorures de la prison

La dépendance vis-à-vis de l'amour est une réelle prison au sens où elle nous entraîne dans le cercle vicieux du manque et des compulsions. La compulsion est un élan spontané qui consiste à aller vers un stimulus susceptible de nous apporter une satisfaction immédiate. Le stimulus ressemble à une dorure : « Cette nouvelle conquête me redonne la joie de vivre », « Elle m'a appelé, quelle journée ! », « Lorsqu'il a posé son regard sur moi, je me suis sentie fondre ». Ces moments de satisfaction sont pourtant toujours suivis de déceptions. Les dorures de la prison se ternissent, il en faut alors de nouvelles : une conquête de plus, un énième appel, un autre regard. Ce processus est sans fin car si les dorures rendent notre prison confortable, nous sommes toujours emprisonnés et en manque. Si, au moins, nous prenions le temps de déguster notre compulsion et la dépendance dans laquelle elle nous entraîne. Mais, même là, nous consommons rapidement. Si nous prenions le temps de rechercher ce qu'il y a derrière, nous pourrions nous sortir de cette dépendance, mais…

La dépendance vis-à-vis de l'amour est constituée de plusieurs éléments qui s'apparentent à de véritables strates allant de la plus superficielle à la plus profonde. Débutons par la surface, faisons connaissance avec la compulsion d'aimer.

La compulsion

Nous avons tous des compulsions, mais la compulsion qui pousse la personnalité fusionnelle à fusionner avec quelque chose ou quelqu'un peut avoir des conséquences désastreuses pour l'estime, le respect et la reconnaissance de soi. La soif d'amour est en effet encore plus profonde dans cette personnalité que dans d'autres. Suivons la piste qui mène du conscient à l'inconscient.

La compulsion est une réponse réflexe à un manque : au lieu de ressentir le manque, ce qui n'est pas agréable et peut même s'avérer insécurisant, la personnalité fusionnelle s'oriente vers la recherche d'un plaisir rapide fondé sur la satisfaction du besoin par le biais de la compulsion. Cette dernière est en effet plus tolérable que le manque car elle crée une sensation instantanée de plaisir, elle apporte un soulagement, tel un baume sur une plaie. Le baume soulage ne serait-ce que fugitivement. De ce fait, la compulsion a tendance à devenir une réaction réflexe qui pointe dès que le manque se fait sentir. Elle s'apparente alors à une drogue plus ou moins forte selon l'accoutumance. Sylvette : « Je ne peux m'empêcher de l'appeler » ; Guillaume : « Je passe tous les jours à la poste pour voir mon courrier » ; Claude : « J'ai attendu son appel toute la journée » ; Michel : « Dès que j'arrive j'ouvre mon ordinateur pour voir si j'ai un mail » ; etc. La personnalité qui ne vit que par la fusion a bien du mal à reconnaître ses comportements compulsifs vis-à-vis de l'autre. Beaucoup d'entre nous se défendent en effet de regarder la partie d'eux-mêmes qui se nourrit ainsi de l'autre. Leur aveuglement et leur ignorance les maintiennent dans la dépendance. Soulever la couche des compulsions met en effet en présence du manque. Voici quelques suggestions pour parvenir à apprivoiser ce manque et à se défaire des dorures qui tentent de le faire oublier.

Reconnaître nos compulsions sans nous juger

Il nous arrive à tous de nous juger négativement, notamment quand nous savons que nous avons cédé à la recherche d'un plaisir rapide : « Ah ! je n'aurais pas dû l'appeler », « Je me fais toujours prendre par une nouvelle conquête ! », « Je suis folle de guetter ainsi son regard... », « Je me dégoûte quand j'attends sans fin un mail de lui », disons-nous. Or, nous juger nous empêche de nous regarder au quotidien et nous conduit dans le cercle vicieux de l'autodestruction. En fait, pour nous défaire du besoin d'un soulagement spontané, nous devons d'abord savoir ce qui nous soulage. Si nous faisons l'autruche, il nous sera en effet bien difficile de voir clair. Regardons plutôt les choses en face et posons-nous les bonnes questions : quelles sont nos compulsions ? le sucre ? le tabac ? l'alcool ? le travail ? la sexualité ? le don de soi à l'autre ? l'amour fusionnel ? le jeu ? la télévision ? le web ? Ceci est un premier niveau de questions. Venons-en à la question de fond : quelles sont nos compulsions amoureuses ? Comptez le nombre d'heures que vous consacrez chaque jour à penser à l'autre : êtes-vous dans l'attente ? Aimez-vous faire attendre l'autre qui espère de vous un appel, un mot, un regard, un sourire ? Dans vos compulsions, êtes-vous celui qui sauve ? Par exemple, allez-vous toujours au-devant de l'autre ? Ou êtes-vous la victime ? celui qui attend tout de l'autre ? ou encore celui qui persécute ? qui fait attendre ou à l'opposé qui harcèle ?

Désancrer la compulsion

Nous pouvons nous amuser avec nos compulsions et tenter de les désancrer. Retardez de quelques minutes, ou si possible d'une heure, la réponse à la compulsion et observez ce qui se passe. Si vous avez une réaction physique telle que des tremblements, c'est que cette compulsion est réellement ancrée en vous. Dans ce cas, vous aurez besoin d'aide pour vous défaire de l'accoutumance [1]. Cette aide vous aidera à aller au-delà de la compulsion et à défaire le nœud inconscient qui se trouve derrière. Mais si vous êtes capable de vous détendre tandis que vous essayez de retarder la réponse à la compulsion en respirant et en pratiquant une technique d'écoute intérieure, vous entrerez en présence du manque [2]. Allons plus en profondeur…

---

1. Diverses associations peuvent vous soutenir dans votre cheminement. Au Québec, à Montréal, Dépendants affectifs anonymes, Info-Ligne : (514) 990-4744, et pour les interurbains : 1-877-621-4744 ; site : http : //www.daa-quebec.org/daa.html. En France, à Paris, SOS Déprime : 01 42 59 19 53, et en province : 05 46 74 20 28 ; site : http : //www.sosdeprime.com/dependance_affective.htm. Dépendants affectifs et sexuels anonymes : 06 70 10 60 07 ; site : http : //dasafrance.free.fr/index.html#A ; pour information : info.dasa@ml.free.fr. SOS Femme accueil, à Paris : 01 42 59 19 53, et en province : 05 46 74 20 28.

2. Plusieurs techniques peuvent être utilisées pour entrer en contact avec son monde intérieur, en fonction des affinités de chacun : la relaxation, la méditation, des techniques de respiration, des techniques d'imagerie mentale, la psychosynthèse, la programmation neurolinguistique, l'hypnose, l'acupuncture, la phytothérapie, la bio-énergétique, l'analyse transactionnelle, l'écoute de vibrations sonores spécifiques comme le

Le manque et le besoin affectif sous-jacent

Si nous regardons au-delà de la compulsion, nous découvrons que nous souffrons d'un manque d'amour. Le reconnaître n'est pas toujours évident. Cela demande une certaine humilité et nous met face à une question : « Vais-je continuer à vivre en manquant d'amour ? Devrai-je poursuivre longtemps encore ma quête d'amour ? » J'ai observé qu'il est plus aisé de reconnaître que nous souffrons d'un manque d'amour que d'un vide d'amour. Le manque devient plus rapidement conscient si l'on prend le temps de s'arrêter, de se détendre et de se regarder vivre la compulsion. Vous entendez dire autour de vous : « Jacques me manque », « Mes enfants me manquent », « Il me manque de rencontrer quelqu'un ». Vous entendez rarement dire : « Je me sens vide de Paul », « Je me sens vide quand je ne fais pas l'amour ». Reconnaître que nous sommes en manque est le début de la phase de sevrage décrite dans les chapitres précédents. Refuser de ressentir le manque alimente notre dépendance, cela fait de nous des automates amoureux.

Derrière le manque se cache un grand besoin affectif qui est en relation avec notre blessure fondamentale. Nous avons peur de reconnaître ce besoin et le vide laissé par la blessure d'amour. Pour faire face à ce vide, nous avons besoin d'une base intérieure solide dont je parlerai dans la quatrième partie. Refuser de sentir le vide d'amour peut quelquefois nous rendre malades d'amour.

Le manque est logé dans un espace intérieur préconscient ; il n'est pas totalement occulté comme le sont le vide ou les

---

propose la Meta Music®, la pratique de mouvements corporels comme dans la MLC©, le thaï chi, etc.

besoins affectifs sous-jacents. Nous pouvons donc le ressentir de façon kinesthésique, par le biais d'une sensation de trouble, au niveau du plexus ou du ventre par exemple. Sensation qui nous laisse souvent une impression d'absence. Certains décrivent le manque comme quelque chose qu'on leur a enlevé ou qu'ils ont perdu. Chez d'autres, le manque prend la forme d'une sensation de rétrécissement de la peau, d'une boule dans la gorge ou d'une angoisse au niveau du cœur. Le manque est l'expression d'un besoin psychique somatisé [1] par le corps. Ce besoin, lorsqu'il n'est pas entendu, donne l'impression de manquer de quelque chose, ce qui crée une tension intérieure. Le corps se mobilise alors. Pour soulager la tension, il s'allie à la psyché. Le résultat est la compulsion qui apporte un soulagement momentané. Il s'agit là d'un cercle vicieux réel car la réponse au premier élan compulsif s'ancre dans notre corps. Désormais, le corps devient « celui qui manque de quelque chose ». À présent, *le physique devance le psychisme.* Nous devenons dépendants. Le manque psychique peut même être tout à fait occulté et ne laisser place qu'à la sensation de manque physique. Ce sont ces sensations qu'il sera très important d'apprivoiser lors du sevrage, de la rupture avec le désir pulsionnel de fusion. Une fois le comportement compulsif ancré, le corps est le premier à nous envoyer des signaux indiquant que l'heure « biologique » de la compulsion est arrivée, cela, même si nous ne

1. En médecine, la somatisation est généralement vue comme la traduction physique d'un conflit psychique. *Soma*, en grec ancien, désigne le corps. Nous somatisons lorsque nous avons tendance à répondre à un stress ou à un traumatisme psychique par un trouble, voire une maladie physique. Ce processus est souvent associé à des troubles dépressifs ou anxieux. On parle de maladie psychosomatique lorsqu'une pathologie physiologique semble avoir pour cause un problème psychique. Site Psychologies.com :
http : //www.psychologies.com/dictionnaire-psy.cfm/definition/101/Somatisation.html.

sentons pas le manque psychique. Prenons l'exemple de Jacinthe.

Jacinthe souffrait de la peur d'être abandonnée. Dès 19 heures, tous les soirs, elle se sentait fébrile intérieurement, jusqu'à ce que vienne l'heure d'appeler son amoureux. L'horloge interne de Jacinthe lui donnait l'heure de sa compulsion. Elle appelait Pierre, ne lui disait rien si ce n'est des « banalités du quotidien », comme elle les nommait. Elle raccrochait et se sentait mieux.

De quoi Jacinthe avait-elle réellement besoin ? D'être rassurée. Mais Jacinthe était à dix mille lieues de son besoin. Elle n'avait plus conscience de son manque. Tout ce qu'elle ressentait, c'était les sensations provoquées par sa compulsion. Notre personnalité consciente n'aime pas le manque. Elle préfère la danse des compulsions, les plaisirs rapides qui procurent l'illusion de la satisfaction.

Reprenons notre fil. Derrière la compulsion se trouve le manque et derrière le manque, un besoin profond logé dans l'inconscient. Plus nous nous éloignons de notre besoin affectif d'amour, plus notre colère, notre frustration et notre rage augmentent. Ces émotions provoquent encore plus de tension psychique et physique en nous, une tension que nous cherchons à soulager par la compulsion. Nous sommes pris dans le piège de la dépendance affective. Revenons à Jacinthe.

Jacinthe harcelait Pierre par ses appels. Aussi ne répondait-il pas toujours, ce qui la mettait en rage : elle ne pouvait plus se rassurer grâce à la voix de Pierre. Elle passait des nuits blanches à construire des scénarios d'abandon, avant de l'appeler aux premières heures du jour. Le matin, en général, Pierre lui répondait, ce qui réduisait son sentiment de manque. Pour se rassurer davantage, Jacinthe achetait des vêtements à Pierre, pensant qu'ainsi il l'aimerait encore plus et ne l'abandonnerait pas. En fait, elle tentait d'acheter son amour. Jacinthe savait qu'elle souffrait d'une compulsion. Elle a cependant dépensé une fortune en téléphone et en vêtements jusqu'au moment où elle a décidé d'entrer dans un groupe d'entraide pour se sevrer de son amour fusionnel.

Du sevrage à l'apprivoisement du manque

La seule façon d'entamer un sevrage est d'entrer en contact avec le manque de façon à atténuer l'ancrage de la compulsion dans le corps. Il faut donc ralentir le délai de réponse à la compulsion, ou encore, comme je le suggère à mes patients, vivre consciemment la compulsion de façon à entrer petit à petit en présence du manque. Il faut ensuite apprivoiser ce manque.

Ayant moi-même été une « droguée affective », j'ai exploré un moyen puissant pour apprivoiser le manque : arrêter toutes ses activités et s'étendre au sol. Prendre contact avec la terre, avec le sol qui soutient notre corps, se laisser aller à ressentir ce qui vient, et respirer. Vous pouvez faire de même : écoutez une musique douce et donnez-vous un espace intérieur et extérieur pour écouter votre manque. Laissez-le vous parler, intérieurement, à voix haute ou par le biais de l'écriture. Écoutez le manque. S'il s'exprime par des symboles, écoutez ces symboles. Demandez-vous ce dont vous avez vraiment besoin. Si la réponse est liée à l'autre, appelez ce dernier et dites-lui tout simplement votre manque, relisez les mails et les lettres qu'il vous a envoyés si besoin est. N'ayez pas peur de parler de votre manque à l'autre ou aux autres, cela vous aidera à le démystifier. Nous passons notre temps en surface, collés aux dorures de notre prison. Mais il est possible de descendre en profondeur grâce à la détente, à la respiration et à la réelle communication.

Écoutez le manque, qui est avant tout affectif, et demandez-vous de quoi vous avez besoin. Diverses réponses peuvent venir : être aimé, être pris dans les bras de quelqu'un, être reconnu, être accompagné, être rassuré. Continuez de respirer et de laisser le manque s'exprimer. S'il y a des émotions et qu'elles sont tolérables, laissez-les se manifester, si des images vous viennent, permettez-leur de circuler en vous. Prenez le temps d'*être* en présence du manque au lieu d'*agir* le manque. Puis entrez dans le mouvement avec le manque : dessinez le manque, dansez le manque, chantez le manque, écrivez le manque. Mettez ce manque en mouvement, laissez-le s'exprimer sans l'orienter. Ainsi permettrez-vous à la partie inconsciente de vous qui vit ce manque de s'exprimer. Cela fait, si votre compulsion est toujours présente, vivez-la en conscience. Si vous pratiquez régulièrement cet exercice, qui consiste à remonter la piste de la compulsion jusqu'au manque, vous verrez vos compulsions diminuer petit à petit. Vous entrerez consciemment dans une période de sevrage. Le but de cette exploration n'est pas de mettre un terme aux compulsions, mais d'apprivoiser la profondeur du manque. Il s'agit de permettre au manque de s'exprimer, de permettre à cette partie de nous d'exister sans nous projeter dans des compulsions, il s'agit de nous sevrer.

Au cours de cette étape de sevrage, je vous suggère de vous occuper aussi de votre corps, car c'est dans lui que s'ancrent les compulsions, de le nourrir intelligemment, de vous assurer que vous n'avez pas besoin de vitamines, de minéraux. Modifier ses comportements, notamment diminuer ses compulsions, peut en effet engendrer des manques réels comme c'est le cas chez quelqu'un qui a pris de la cocaïne ou d'autres drogues longtemps. Il faut soutenir le corps car il entre lui aussi dans un processus de privation.

Se nourrir d'amour

Nous pouvons aimer et avoir des relations avec nos amis tout en ayant conscience de notre manque. Cet amour est libérateur. Ce qui est douloureux, qui entame l'expérience de l'amour et blesse souvent notre partenaire, est d'aimer en niant le manque ou en y étant assujetti. Alors en effet, nous ne considérons pas l'autre comme un être humain à part entière, avec ses qualités d'âme et de cœur, nous le réduisons à un objet susceptible de remplir notre manque. Si nous refoulons constamment la partie de nous qui fait l'épreuve du manque, il nous sera difficile de nous libérer de l'amour fusionnel pour vivre l'amour.

Entre le manque et le vide existe le besoin d'être aimé et d'aimer avec toutes ses déclinaisons physiques et psychiques[1]. Ce besoin est réel. Nous avons tous besoin d'amour et le nier serait nier notre condition humaine. Ce besoin est en relation directe avec la blessure d'amour dont nous avons souffert quand nous étions fœtus, nouveau-nés ou enfants. *Si j'ai été abandonné, mon besoin d'amour sera d'être rassuré par l'autre, si j'ai été rejeté, mon besoin d'amour sera d'être*

1. Être aimé, sécurisé, écouté, reconnu, s'affirmer, être libre et créer sont des besoins psychologiques fondamentaux des êtres humains. Leur satisfaction est essentielle à notre fonctionnement psychique. S'ils ne sont pas satisfaits, toutes sortes de complexes naîtront. Une personne qui n'est ni aimée, ni reconnue, ni rassurée, ni créatrice, ni libre ne peut pas vivre. Elle se défend soit en se coupant complètement des autres, soit en agissant contre les autres. Colette Portelance, *Relation d'aide et amour de soi,* Montréal, Éditions du CRAM, 1990.

accueilli et si je n'ai pas été reconnu, mon besoin d'amour sera d'être reconnu. À chaque blessure correspond un besoin fondamental. La façon dont chacun va à la recherche de l'amour est une tout autre question. Mais à partir de la dépendance, en passant par la destruction et jusqu'à la construction, l'amour nous guide sur le chemin de l'individuation. Dans l'amour fusionnel, avec le cortège de compulsions et la dépendance qu'il instaure, l'autre s'apparente à un objet répondant à nos besoins. Pourtant, l'autre n'est pas là à seule fin de répondre à nos besoins : il est un être humain qui a aussi des besoins qui lui sont propres.

Répondre à ses besoins affectifs

Le besoin est directement lié à la blessure d'amour. Quelle fut votre première blessure affective ? Avez-vous été abandonné ? rejeté ? humilié ? maltraité ? non reconnu ? trahi ? victime d'injustice ? Votre besoin affectif est en relation avec cette blessure. Reconnaître que vous éprouvez ce besoin est une grande étape vers l'autonomie. Cette reconnaissance ne vous sortira cependant pas de la dépendance, surtout si vous attendez toujours que ce soit votre partenaire qui panse votre blessure. La reconnaissance du besoin affectif est une étape du sevrage qui nous amène à explorer la réalité d'une blessure d'amour vécue par une partie de nous. Je peux vous donner une grille de référence qui vous aidera à faire le lien entre la blessure et le besoin affectif qui lui correspond. Cette grille n'est toutefois pas une solution, elle ne vous aidera pas à mieux vous aimer.

Blessure d'amour	Besoin affectif correspondant
L'abandon	La sécurité
Le rejet	L'accueil
La non-reconnaissance	La reconnaissance
La maltraitance	La bienveillance
L'humiliation	Le respect
La trahison	La confiance
L'injustice	L'équité

Pour beaucoup d'entre nous, répondre à notre besoin est difficile car nous ne savons pas de quoi nous souffrons. Nous savons que nous sommes dépendants de l'autre, mais nous ignorons quelle blessure et quel besoin se cachent derrière cette dépendance. Qu'est-ce qui se dissimule derrière notre soif d'aimer à tout prix ? La réponse est introuvable sans écoute intérieure, sans observation de notre conditionnement amoureux et de nos répétitions. Répondre à son besoin d'amour ne veut pas dire se couper de l'autre ou des autres, au contraire, ce n'est qu'avec les autres que nous pouvons expérimenter l'amour. Et si répondre à son besoin d'amour signifiait tout simplement oser s'aimer et aimer ?

Le vide

Réaliser son vide affectif s'accompagne souvent de la prise de conscience que nous sommes responsables de ce que nous vivons sur le plan affectif : nous pouvons remplir le vide en nous permettant de recevoir de l'amour, nous pouvons remplir le vide en nous laissant toucher par notre propre souffrance, nous pouvons remplir le vide en permettant à la partie blessée de notre être de nous parler d'amour. La rencontre avec la souffrance affective nous permet d'accéder à l'amour qui est là, en nous. Le vide peut être rempli par notre capacité à recevoir et par notre capacité à nous reconnaître dans notre souffrance. Cela nous aide à atténuer la réaction de peur d'être de nouveau blessés. Dans *Le Déclic*, je parle d'une douleur qui détruit et d'une douleur qui guérit. Le vide est une réaction à un trop-plein de souffrance, à une coupure, à une séparation. Apprivoiser le vide est se rapprocher de la partie de nous qui est la plus intime, la plus profonde. Au-delà de notre blessure existe en nous une partie intacte. Le vide nous met en contact avec elle et, ce faisant, nous donne la possibilité de côtoyer l'infini qui nous mène directement à l'amour. Explorer le vide est l'histoire d'un cheminement de vie, se guérir de la blessure fondamentale aussi. Nous pouvons aimer tout en ayant conscience du vide qui est en nous, si nous ne sommes pas esclaves de ce vide. La conscience de notre vide nous aide à guérir de l'amour fusionnel.

Troisième partie

L'amour caractériel

1+1=2

« Aimez-vous l'un l'autre, mais ne faites pas de l'amour un carcan : qu'il soit plutôt mer mouvante entre les rives de vos âmes. »

Khalil Gibran, *Le Prophète*

L'amour caractériel est un amour blessant qui est le fait d'un cœur emprisonné par la haine et le ressentiment. Ce cœur a ses raisons qui sont souvent inconscientes. Sa blessure est si aiguë qu'il lui faut à tout prix se nourrir de haine pour s'en protéger. Ainsi, au nom de l'amour, s'opère la destruction.

1
Les prisons du cœur

Notre cœur peut être entouré de prisons, piliers de l'amour blessant. Ces prisons édifient leurs murs autour de lui s'il est meurtri. Elles sont des protections inconscientes qui nous empêchent de ressentir ce qui nous a blessés, mais elles entravent en même temps notre élan d'amour spontané. Sur elles, petit à petit, va s'édifier un amour conflictuel avec les autres et avec soi-même. Ces prisons s'appellent la colère non justifiée, la haine, le ressentiment, la culpabilité et la pitié. Ces prisons ne sont pas des émotions telles que la colère et la tristesse, non, elles sont des états semi-conscients ou inconscients qui entretiennent l'amour en le nourrissant de haine et en font un amour caractériel. Explorons ces prisons du cœur avant d'entrer plus en profondeur dans la découverte de l'amour caractériel.

Colère, haine, ressentiment, culpabilité, pitié

L'émotion est physique [1], elle correspond à une décharge d'énergie hormonale déversée dans notre sang. L'émotion

1. Francis Vendrell indique ainsi : « Selon Damasio, les émotions sont constituées par des changements survenant dans l'état du corps lorsque

est vie, et elle circule, elle est mouvement. Elle est soit une réponse spontanée à un événement ou à une personne, soit une expression conditionnée par nos croyances. Par exemple, je me sens triste parce que je crois que personne ne m'aime. L'émotion provient du cerveau limbique et, dans son aspect le plus primitif, elle est le signal qu'un besoin fondamental n'est pas satisfait. Le nourrisson pleure parce qu'il a faim, ou il se met en colère parce qu'on l'enlève des bras de sa mère. Une émotion peut aussi être héritée de la famille : nous portons par exemple la tristesse de notre mère, ou sa colère, ou encore sa frustration face à la vie et à l'amour. C'est ainsi qu'il nous arrive de vivre avec des émotions qui ne nous appartiennent pas. Une émotion peut naître d'un désir d'imiter ses parents dans leurs gestes, leurs pensées, leurs façons de voir le monde. Joseph, 5 ans, piquait souvent de vraies colères. À l'école, on lui posa la question : « Joseph, pourquoi te mets-tu ainsi en colère ? », à quoi il répondit : « C'est comme papa. » Joseph imitait son père irascible.

Ce qu'il est important de comprendre, face aux émotions, c'est qu'elles sont de l'énergie en mouvement et qu'elles passent. Lorsque le tout-petit fait durer son émotion, c'est qu'il a compris qu'il pouvait se figer en elle de façon soit à attirer l'attention sur lui, soit à faire en sorte que son besoin soit reconnu. L'individu, se fixant ainsi dans une certaine émotion, peut en arriver à se construire une carapace émotionnelle. Cette fixation, qui devient rapidement inconsciente, aboutit à la construction psychique d'un état émo-

---

celui-ci répond aux images mentales évoquées par un phénomène ou un événement donné. Par exemple, la colère est accompagnée d'une accélération du pouls, d'un rougissement du visage, d'une crispation de la mâchoire et par des gestes vifs. » Site de l'association Zen International : http : //www.buddhaline.net/spip.php ?article615.

tionnel permanent. Ce dernier est le signal que quelque chose s'est durci en nous avec le temps [1].

La colère

La colère, dans son expression pure, est un élan vital sain au moyen duquel nous tentons de sortir d'un état jugé intolérable par notre personnalité consciente. En nous mettant en colère, nous disons à notre entourage que ce que nous vivons est intolérable. La colère pure peut également surgir quand les limites de notre territoire vital sont menacées. Elle sert alors à les rétablir. La colère peut également s'apparenter à un réflexe de défense et de survie face à une trop grande souffrance. Ce qui est malsain dans la colère, ce n'est pas l'émotion de colère elle-même, mais ce que nous en faisons.

Nous pouvons refouler notre colère parce qu'elle nous fait peur ou parce que notre milieu familial n'accepte pas que nous nous mettions en colère. Nous pouvons aussi nier notre colère parce qu'elle défait l'image du bon garçon ou de la bonne fille que nous souhaitons donner. Nous pouvons également vivre notre colère, non pas pour nous-mêmes, mais en la projetant sur les autres. Dès que nous sentons la colère jaillir, nous l'exprimons sans avoir pris la peine de réfléchir, prenant pour cible les personnes qui nous entourent alors que celles-ci ne sont pas concernées. Nous pouvons aussi prendre l'habitude de vivre en colère au quotidien, comme si cet état relevait d'un bon vieux conditionnement familial et était naturel : « Chez nous, tout le monde était toujours en colère pour tout ou pour rien ! » entend-on dire parfois. Qu'elle soit refoulée, niée, projetée ou conditionnée, la répétition de la

1. Voir note p. 147.

colère produit une fixation chronique qui mène à l'induration [1], qui va à son tour conduire à la haine.

La colère non justifiée ou caractérielle

Il existe différents types de colère indurée. La colère triste en est une. Prenons l'exemple de Lucie qui, à chaque fois qu'elle se sentait gagnée par la tristesse, se mettait en colère. Ainsi, elle ne sentait plus sa tristesse. Un autre type de colère indurée est la colère coupable : Antoine refusait de ressentir la culpabilité qui l'habitait depuis la mort de son petit frère ; à chaque fois que venait en lui la pensée qu'il était coupable, il se mettait en colère. Sa colère lui évitait de ressentir sa culpabilité. La colère caractérielle, elle, qui fait l'objet de ce chapitre, est une colère répétitive et non justifiée, dirigée contre quelqu'un de l'entourage qui ne la comprend pas, précisément parce qu'elle n'est pas justifiée. Elle est malheureusement tout aussi incompréhensible pour la personne qui la vit. Elle surgit sous la forme d'une pulsion irrésistible et confuse, sans raison apparente. Cette forme de colère sème l'étonnement et la confusion, parfois même l'effroi. Elle peut aussi être destructrice. Elle instaure un territoire d'agressivité et de conflit. Elle est une réaction de défense, mais contre quoi ? Car il n'y a pas eu d'attaque. C'est pourquoi on la qualifie de non justifiée.

La colère est une énergie émotionnelle qui fait mal si elle est dirigée contre un être humain. Lorsqu'une personne se met en colère sans raison contre son entourage, elle sème une énergie malsaine. Le réflexe premier de l'interlocuteur, devant une telle attitude, est de fuir ou d'attaquer. Ces réactions sont des défenses instinctives. Il arrive toutefois que

1. *Id.*

certaines personnes réagissent différemment et se soumettent à la colère. La soumission est une absence de réaction de défense. Et elle est fort révélatrice au sens où elle nous informe que nous nous sommes « suradaptés [1] » à une agression répétée. Malheureusement, la soumission nous rend victimes de notre agresseur. Prenons l'exemple de Martine qui est née d'une mère caractérielle.

Martine vivait seule avec sa mère qui faisait souvent des crises de colère non justifiée. Son père avait quitté très tôt le foyer conjugal. Tentant de fuir ses propres réactions caractérielles, la mère de Martine prenait de la cocaïne, ce qui ne faisait qu'amplifier ses crises. Dans ces moments-là, elle battait régulièrement Martine. Plus grande, Martine aurait pu fuir sa mère, ou l'attaquer en retour, mais comme elle avait 5 ans, elle ne pouvait que se soumettre. Ainsi devint-elle la victime de sa mère.

Quiconque se soumet ainsi à la colère le fait instinctivement car il a peur du danger. En se soumettant, il prend cependant sur lui la décharge d'adrénaline de l'autre et la sienne. La soumission semble passive de l'extérieur mais, intérieurement, elle est très active, elle est une réaction à des peurs multiples : peur d'agir, peur de fuir, peur d'être de nouveau attaqué, et finalement peur de ne pas être assez fort pour se défendre et d'en mourir. Ce cumul de peurs se traduit

1. « Suradapté » signifie vivre à un degré extrême d'adaptation. La force d'un groupe nous amène souvent à privilégier un comportement suradapté au détriment de ce que nous sommes. Ce faisant, nous courons le risque de nous enfoncer dans la frustration et la démotivation. Pour nous retrouver, il nous faudra plonger au cœur de ce qui fait notre force : nos talents. Catherine Foix, *Réveillez vos talents ! Dans la vie et au travail*, Paris, InterÉditions, 2004.

dans le corps par une décharge d'adrénaline[1]. Le cerveau ancien[2] envoie cette hormone dans le sang, ce qui permet au corps et à tout le système musculaire de réagir. Quand il y a soumission, au contraire, l'adrénaline, au lieu de servir à la fuite ou à l'attaque, est stockée dans les muscles et, à la longue, intoxique le corps et la psyché. Qui plus est, entre le cerveau animal de celui qui se soumet et le cerveau animal de celui qui agresse s'établit un code : « Je me soumets, je te reconnais plus fort, je te cède mon pouvoir. » La hiérarchie s'est installée : désormais, il y a un agresseur et un agressé[3].

Lorsqu'une colère peut être justifiée, expliquée et comprise, il n'y a ni agresseur ni agressé, les choses reprennent leur place dans la compréhension. Martine, au contraire, comme bien d'autres enfants et adultes, était l'objet d'une colère injustifiée ; elle était donc perturbée, blessée et plongée dans la confusion. Lorsqu'un adulte est l'objet d'une telle colère, il se questionne, à juste titre : « Qu'ai-je fait de mal pour être la cible d'une telle colère ? Ai-je blessé invo-

---

1. L'adrénaline occasionne une élévation de la pression systolique et un abaissement de la pression diastolique. Quelques-uns de ses autres effets sont la bronchodilatation, l'élévation de la glycémie et de la température du corps ainsi que l'augmentation de la consommation d'oxygène.

2. Selon la théorie des trois cerveaux, l'être humain serait doté d'un cerveau reptilien, ou cerveau ancien, datant d'au moins 500 millions d'années, qui gère les comportements réflexes et instinctifs, d'un cerveau hérité des mammifères, le système limbique, vieux de 60 millions d'années, centre des émotions, et d'un cerveau beaucoup plus récent, le néocortex, responsable des activités logiques. Nous devons cette théorie, qui remonte aux années 1970, au neurobiologiste américain Paul D. MacLean. Voir notamment « Les émotions et la théorie des trois cerveaux », site affilié à l'université du Québec en Abitibi-Témiscamingue (uqat) :
http : //web2.uqat.ca/profu/textes/theorie/impuls3_3cerveaux.htm.

3. Henri Laborit, biologiste français, a décrit les mécanismes de fuite et d'attaque liés au cerveau reptilien, et la hiérarchisation qu'ils induisent entre les individus, dans *Éloge de la fuite*, Paris, Gallimard, 1985.

lontairement l'autre ? » se demande-t-il. Ce même adulte peut parler et questionner afin de tenter de comprendre le geste de colère de l'autre. Et il est capable de discernement. Mais qu'en est-il pour un enfant comme Martine ? Ne court-il pas un danger réel quant à sa vie affective ? L'enfant n'est pas toujours en âge et en mesure de discerner et de comprendre l'autre. Pour cette raison, il se bâtit des croyances. Martine, par exemple, était convaincue d'être une enfant méchante, coupable de quelque chose de grave et devant être punie. Ces idées qu'elle s'était faites sur elle-même lui permettaient de justifier la colère de sa mère. Lorsque l'on demandait à Martine ce qu'elle avait fait de mal, elle répondait qu'elle ne le savait pas mais qu'elle était sûre que c'était très grave pour que sa mère lui en veuille ainsi. Les conclusions que Martine avaient tirées sur elle-même menaçaient son équilibre et son développement affectifs. Un parent averti et conscient peut vite rétablir les choses après une colère injustifiée ; il peut expliquer à l'enfant les raisons de sa colère, s'excuser et recadrer l'enfant dans son univers affectif. Un parent non averti, ou un parent dont la personnalité est caractérielle, laisse son enfant avec des questions sans réponse, sans lui offrir de cadre de soutien pour comprendre le pourquoi du déferlement de sa colère. Pour cette raison, l'enfant devient confus et incertain quant à sa compréhension des choses et sa relation avec le parent.

À la longue, la colère répétitive et non justifiée blesse le corps, le cœur et l'âme de celui qui la subit autant que de celui qui l'éprouve. La mère de Martine regrettait ses gestes violents et ses colères démesurées qui ont perduré même après une cure de désintoxication. Elle-même ne savait pas pourquoi elle projetait ainsi sa colère sur sa fille. En fait, la colère de la mère de Martine, comme la colère de tous ceux qui se comportent comme elle, a des raisons que seul l'inconscient connaît, car elle relève de ce qui a été refoulé dans le passé. La colère non justifiée cache en général une très grande souffrance. La plupart du temps, elle est une défense interne face à un amour fondé sur la maltraitance, comme nous le verrons dans le prochain chapitre.

La haine

La haine est une colère refoulée dont la personne n'assume pas la responsabilité. Elle relève de la position de victime adoptée face à la blessure d'amour, cette blessure originelle remontant au conditionnement affectif de la petite enfance et se transmettant de génération en génération. La haine se fonde sur une croyance fondamentale qui peut s'exprimer ainsi : « Je suis victime et l'autre m'a blessé », ou encore : « C'est la faute de l'autre si je suis blessé ». La victime est convaincue qu'elle a été l'objet d'un persécuteur, d'un bourreau. Cette position de victime, et la haine qui lui est liée, se transmet également de génération en génération. Pour cette raison, la haine n'est pas toujours consciente, elle peut avoir été héritée de l'inconscient de la famille. Ainsi, des croyances telles que « Je suis victime… », « C'est la faute de l'autre si… » peuvent être vraies même s'il n'y a pas eu d'agresseur. Quoi qu'il en soit, la blessure est là et la victime est blessée. Celle-ci souffre, elle est triste, elle a peur, elle se soumet et elle éprouve de la colère. Si la colère n'est pas entendue, respectée et recadrée par rapport à ce qui l'a provoquée, la victime la refoulera, la ruminera et restera fixée à elle. Un état émotionnel s'installe alors : la haine. Martine, à l'âge de 7 ans, détestait sa mère. Elle s'était bâti une armure de haine pour survivre à ses crises.

La haine est le moment où la victime a le sentiment de prendre le pouvoir sur son bourreau, cela même s'il n'y a pas de prise de pouvoir effective dans la réalité. La haine donne un sentiment de puissance et de contrôle à la victime sur son agresseur. La haine aide la victime à sortir psychologiquement de son état de soumission, cela même si celle-ci, dans les faits, continue de se soumettre. Sous l'effet de la haine, la colère, la tristesse, la peur sont reléguées aux oubliettes. La haine prend le dessus sur toutes les autres émotions et se fixe. Pendant que la victime se nourrit de haine, elle ne ressent pas sa souffrance, elle a au contraire le sentiment d'avoir le dessus sur son agresseur, et sa douleur disparaît. La victime se nourrit de la haine qu'elle éprouve pour son agresseur. La haine peut devenir une raison de vivre face à une souffrance qui pourrait anéantir la personnalité de la victime. Cet état est violent, l'amour en est absent. Comme il procure à la victime un sentiment de puissance, celle-ci se transforme peu à peu en persécuteur : elle devient le bourreau de son agresseur, celui qui est coupable de sa blessure ; mais à la longue, elle devient en fait une victime de sa propre haine [1]. La haine s'apparente ainsi à une prison du cœur, elle devient la base d'un amour fondé sur la maltraitance.

Le ressentiment

L'état de haine devenu chronique crée une fixation psychique : l'individu rumine sa haine, ce qui le conduit à un désir irrépressible de punir l'autre. C'est ainsi que la haine conduit au ressentiment. Encore une fois, nous sommes loin de l'amour. Le ressentiment est une véritable prison, car il

1. Guy Corneau a bien décrit cette dynamique à trois : « [...] le passé qui n'est pas réglé continue à vibrer en nous. Il est empreinte vivante, empreinte vibrante qui attire le Persécuteur, et le Persécuteur attire la Victime. Et l'un et l'autre possèdent quelque chose qui attire le Sauveur. » *Victime des autres, bourreau de soi-même*, Montréal, Les Éditions de l'Homme, 2003, p. 189.

crée un cercle vicieux dans la relation à l'autre : celui qui est animé par le ressentiment est convaincu de la responsabilité de l'autre dans ce qui lui arrive : l'autre est coupable d'avoir blessé son cœur, son corps, sa vie. Aussi, après s'être soumis pendant un long moment à des abus et en avoir souffert, l'individu en vient à se dire que le moment est venu de sévir pour que l'autre se soumette à son tour : il faut faire souffrir l'autre. Martine punissait sa mère en se réfugiant dans un mutisme qui pouvait durer des semaines. Sa mère devenait folle car elle savait que Martine pouvait parler. L'enfant parlait en effet aux autres, mais avec sa mère elle se taisait.

En faisant souffrir l'autre, le bourreau connaît un soulagement temporaire de sa haine, et même de sa souffrance. Il est dans le ressentiment. Celui qui est animé par le ressentiment est dans l'illusion qu'en faisant souffrir l'autre, non seulement il le punit mais il lui fait subir une souffrance similaire à celle qu'il a lui-même connue. La dimension vicieuse de cet état tient à cette volonté de faire souffrir comme on a souffert. Il s'agit bel et bien de vengeance. L'exemple d'Hélène, atteinte d'un cancer et envahie par un terrible ressentiment envers son conjoint qu'elle disait pourtant aimer follement, illustre bien ce point.

Hélène m'avait été envoyée par son médecin, car elle ne répondait pas bien aux traitements médicaux. Le ressentiment qu'elle éprouvait envers son mari l'empêchait de se consacrer à sa guérison et à ses soins. Hélène était en effet convaincue que sa maladie était causée par son couple. Elle n'avait pas tort, car le couple semblait souffrir d'une sorte de cancer psychologique. À écouter Hélène, je comprenais que sa relation de couple relevait d'un amour caractériel qui les détruisait elle et son conjoint. Hélène était non seulement victime de son cancer mais aussi victime du ressentiment qui affaiblissait tous ses systèmes de défense sur le plan physiologique. Elle me disait aimer son conjoint, en même temps elle lui en voulait « à mort » de l'avoir un jour abandonnée pour une autre. Il est évident que ce qu'Hélène vivait était douloureux. L'événement avait toutefois pris des proportions exagérées dans la psyché d'Hélène car il avait réveillé le souvenir d'une trahison par le père. Son conjoint, Paul, qui avait pris conscience de son acte, s'en était excusé maintes et maintes fois auprès d'elle, mais Hélène était restée fixée à cet acte de « trahison » (c'est ainsi qu'elle le nommait). Sa santé avait commencé à se détériorer à compter de cet événement. Un an après, Hélène recevait un diagnostic de cancer virulent au sein droit. Paul, quant à lui, se sentait coupable de lui avoir « donné un cancer ». C'est ainsi qu'il le vivait. Quotidiennement, Hélène le lui rappelait. Tel un bourreau qui torture sa proie, elle lui disait que c'était sa faute si elle perdait son sein. Elle le punissait non pas en le trompant avec d'autres hommes, mais en lui faisant subir sa maladie. Ainsi ne l'épargnait-elle pas sur certains détails de son cancer. Elle lui montrait sa plaie béante, se promenait nue dans la maison en hurlant sa haine et son ressentiment. Paul pleurait et par la suite se défendait en contre-attaquant. Leur amour n'était plus que de la maltraitance réciproque : un amour caractériel. Hélène jouissait de faire mal à Paul. Ce qu'elle oubliait, c'est qu'elle était devenue elle-même une victime : la victime de son ressentiment.

Le ressentiment donne l'illusion d'une diminution de la haine car il permet de punir. Mais le ressentiment est vicieux car celui qui en est animé se transforme souvent en martyr à seule fin de punir l'autre. En ce sens, le ressentiment est le poison de l'amour. Il est un pur acide pour le corps et une réelle prison pour le cœur. Il scelle les couches de haine et enferme l'élan d'amour. Il est un des piliers de l'amour caractériel. Il ouvre la porte à une dégradation telle qu'elle peut aller jusqu'à une dégénérescence de l'amour : humiliation, méchanceté, sadisme apparaissent alors. Le cœur est fermé dans une prison de glace, l'amour ne peut plus ni naître ni s'épanouir. Lorsque la petite Martine, évoquée précédemment, sortait de son mutisme, c'était pour crier à sa mère : « Je te déteste maman, je veux te tuer. »

La culpabilité

À la longue, le besoin de vengeance et de punition, le désir d'éliminer l'autre pour ne plus souffrir, crée en nous un énorme sentiment de culpabilité. Quand cet état nous envahit, il prend toute la place. De quoi sommes-nous coupables ? Combien de fois ai-je posé cette question à mes patients : « De quoi êtes-vous coupable ? d'avoir été méchant ? d'avoir persécuté quelqu'un ? d'être animé par une envie chronique de vous venger ? » Ces convictions nous donnent l'impression d'être des monstres ou d'avoir en nous une bête noire plus forte que nous.

La culpabilité est pernicieuse car elle nous conduit à l'autopunition, à l'autodestruction, le but étant de tuer en nous le « méchant monstre ». J'ai rencontré dans ma pratique nombre de gens qui stagnaient dans la culpabilité. Il y a parfois en effet une certaine complaisance, un certain « confort » à s'installer dans la culpabilité. Elle est comme un ultime rempart avant de devoir faire face, c'est-à-dire travailler sur la problématique fondamentale. Ces patients ne ressentent en général plus rien d'autre que cette « chère » culpabilité qui leur est une souffrance connue, moins douloureuse que la blessure fondamentale. Souvent même, ces patients ne savent plus de quoi ils se sentent coupables ! La difficulté, avec la culpabilité, c'est non seulement qu'elle est difficile à vivre, mais qu'elle cache les états antérieurs de haine et de ressentiment qui se sont logés dans l'inconscient. Éprouver de la culpabilité est douloureux, mais cette douleur nous évite d'affronter une blessure plus profonde, celle qui a fait que nous nous sommes fermés à l'amour.

La pitié

Lorsque nous nous sentons coupables, nous désirons généralement sauver la victime que nous avons persécutée. Non seulement la sauver, mais aussi la ressusciter, lui donner un nouveau souffle de vie. Le bourreau a pitié de sa victime et lui tend une main pour qu'elle se relève. La victime accepte, le persécuteur devenu sauveur la prend dans ses bras. Il panse ses plaies physiques et psychologiques. Il a pitié. Le persécuteur a un cœur, la souffrance de l'autre le touche. Pourtant, en même temps, elle lui fait du bien, ce qui le culpabilise encore plus. La pitié n'est pas l'amour, *la pitié est l'amour du repentant*, de celui qui pense qu'il a péché : « J'ai été méchant, je me sens coupable, je vais te sauver, j'ai pitié de toi qui souffres », telle est la pensée du repentant. En ce sens, la pitié dégrade l'amour.

Reprenons l'histoire du couple d'Hélène et de Paul. Hélène vit son cancer et perd un sein. Elle est victime de sa maladie. Tout est difficile pour elle car elle souffre non seulement physiquement mais psychologiquement : elle est toujours aux prises avec son besoin de se venger. Avant la maladie d'Hélène, le couple était toujours en guerre. Paul souffrait de cet amour conflictuel. Il en était épuisé. C'est pourquoi il est allé voir ailleurs : il avait besoin de respirer. Paul savait, presque consciemment, qu'en agissant ainsi il blesserait Hélène encore plus. De plus, il était lui-même psychiatre et il connaissait son histoire, il savait donc qu'elle était très fragile sur la question de la trahison. Paul, en allant voir ailleurs, a choisi d'agir pour lui. Il ne voulait pas nuire à Hélène, mais en se comportant comme il l'a fait, il toucha directement la blessure d'Hélène. À présent, Paul a pitié d'Hélène et se sent très coupable. Il se soumet et il paie le prix de son « péché ». Il subit la présence d'une femme malade qui l'accuse sans répit. Il étouffe, jusqu'au moment où il fait un arrêt cardiaque. Hospitalisé et soigné à temps, il s'en sort. C'est au tour d'Hélène de se sentir coupable et d'avoir pitié. Hélène connaît alors l'amour du repentant : « Je vais aider Paul, il fait tellement pitié », me dit-elle. Paul, convalescent, passe de la position de la victime à celle de l'attaquant. Il accuse maintenant Hélène de sa crise cardiaque. Il le lui reproche à haute voix, il la maltraite verbalement, il est impitoyable avec elle, il se venge de ce qu'elle lui a fait subir. Et voilà le couple reparti dans son amour caractériel ! Ils sont emprisonnés et dansent dans le cercle vicieux de la colère, de la haine, du ressentiment, de la culpabilité et de la pitié. Bientôt, Hélène retombe malade, son cancer récidive, et leur vie continue…

Le cercle vicieux

Même si le sauveur a pitié de la victime qui souffre, il savoure le fait qu'il n'est plus seul à souffrir. Le sauveur espère, en général inconsciemment, que l'autre, en souffrant, comprendra ce que fut sa propre souffrance. Par contre, dès que l'autre va mieux, le sauveur doit renoncer à son rôle. Pour cette raison, le mieux-être de l'autre lui est intolérable. Le jeu recommence alors, la culpabilité et la pitié sont vite remplacées par la haine, la colère non justifiée et le ressentiment. Le cœur est à nouveau pris dans le cercle vicieux de l'amour caractériel. La relation que Martine avait avec sa mère en est un bon exemple.

Lorsque Martine a eu 12 ans, sa mère fut hospitalisée pour des troubles de la vision et du langage. On diagnostiqua une tumeur au cerveau. Martine a alors éprouvé une grande culpabilité. À la question « De quoi te sens-tu coupable ? », elle répondait : « J'ai tué ma maman. » C'est alors qu'elle développa un comportement anorexique d'autopunition : elle voulait mourir, ne plus exister. Elle fut placée chez une tante pendant l'hospitalisation de sa mère. Avec l'aide de celle-ci, elle commença à aller mieux. Elle côtoyait des groupes d'adolescents dont les parents avaient été dépendants de drogues. Sa mère fut opérée de sa tumeur et, à la suite des traitements de chimiothérapie, elle connut une phase de rémission de la maladie. Elle mit également un terme à son addiction. Martine revint alors à la maison maternelle. Dès ce retour, elle commença à attaquer sa mère en lui manquant de respect et en se vengeant sur elle de diverses manières. Elle retrouvait toute la haine et le ressentiment qu'elle avait mis de côté pendant la maladie de celle-ci. L'adolescente ne supportait pas que sa mère aille mieux. Martine était tiraillée entre aimer sa mère, la détester et vouloir se venger. Ces états affectifs contradictoires la plongeaient dans une grande confusion. Pour tenter d'oublier son mal-être et toujours avec l'idée de punir sa mère, elle se mit à son tour à consommer de l'alcool et des drogues ainsi qu'à commettre des actes de délinquance. Sa mère devint alors très active auprès de sa fille :

elle voulait l'aider. Toutes deux allèrent en thérapie familiale et, petit à petit, Martine retrouva le goût de vivre, de s'aimer et d'aller mieux. Grâce à l'amour de sa mère qui était, elle, définitivement guérie, Martine put entamer sa propre guérison.

Nous venons d'explorer les piliers de l'amour caractériel qui constituent les prisons du cœur. Ces prisons sont des protections pour un cœur blessé qui a bien des raisons de se protéger ainsi. Ce sont ces raisons que nous allons découvrir en regardant comment naît et se développe la personnalité caractérielle.

2

La personnalité caractérielle

La personnalité caractérielle est une personnalité bâtie pour survivre par un enfant qui tentait de se défendre contre des messages contradictoires menaçant sa santé mentale et son développement. La haine et le conflit ont ainsi servi de défenses à l'enfant pour éviter l'éclatement psychique et la folie. L'être caractériel vit sa relation à lui-même et aux autres à travers les prisons du cœur décrites précédemment. Le corps, le cœur et la personnalité sont en position de défense, l'amour est donc emprisonné dans un univers d'agressivité et de lutte. Est-ce cela aimer ? Pour la personnalité caractérielle, oui : l'amour est vengeance et dureté, car c'est ce genre d'amour dont elle a fait l'expérience quand elle était enfant. L'être caractériel peut connaître des moments de tendresse et d'affection avec les animaux ou la nature, et trouver en cela un refuge. Sa blessure vient de l'humain : dès que la tendresse et la douceur sont humaines, il se sent menacé. Il se réfugie derrière les défenses qui l'ont protégé de la maltraitance. Les prisons du cœur sont devenues un abri face aux humains.

La personnalité caractérielle d'un enfant est généralement une réponse à la personnalité caractérielle d'un parent qui a lui-même été élevé dans le conflit et la haine. L'amour caractériel et sa carapace se transmettent ainsi de génération en génération. La personnalité caractérielle se développe donc habituellement dans une famille où il y a maltraitance physique ou psychologique, parfois les deux, et au sein de laquelle règnent l'instabilité ainsi que la manipulation affective. L'enfant qui développe ce genre de personnalité a généralement un parent abuseur et profondément caractériel, ainsi qu'un parent absent ; cette absence peut prendre diverses formes : une absence réelle, la maladie ou le déni de la réalité vécue.

La haine comme bouclier

La personnalité caractérielle se construit et se durcit autour de la grande insécurité affective qui meurtrit le cœur de l'enfant dès son tout jeune âge. L'insécurité est due aux messages contradictoires transmis verbalement ou non verbalement par les parents, et accompagnés de maltraitance. Ces messages sèment la confusion affective et psychique chez le tout-petit qui se retrouve rapidement dans un état de survie affective. Prenons l'exemple de Marie qui, depuis des années, entend dire : « Je t'aime », et qui, dans les moments qui suivent, est battue ; ou encore l'exemple de Jean-Pierre qui se fait répéter par son père, militaire respecté, qu'il est son enfant préféré, et qui subit humiliation sur humiliation de la part de ce père souhaitant faire de lui un « bon petit soldat » ; ou enfin le cas de François, violé par son père qui lui prodigue pourtant des paroles d'amour et de tendresse. Où est l'amour pour ces enfants ? La violence et la dureté suivies de moments affectueux et tendres, n'est-ce pas cela l'amour pour eux ? N'y a-t-il pas là une contradiction menant à la confusion affective, à l'incompréhension et à l'insécurité physique et psychique ? Marie, Jean-Pierre, François et Martine ne comprenaient pas le message d'amour et de haine qui leur était adressé quotidiennement. Ils vivaient dans la peur.

À l'arrivée du parent abuseur, l'enfant ne sait plus s'il va être confronté à la dureté ou recevoir de la tendresse. Il est plongé dans l'incertitude, sur le qui-vive et se demande s'il doit s'ouvrir ou se fermer. Peut-il avoir confiance ? À quoi et à qui peut-il se fier ? Où sont ses repères ? L'autre parent étant absent, malade ou dans le déni, l'enfant n'a que le parent abuseur et caractériel pour référence relationnelle.

Pour ne pas être anéanti, l'enfant se coupe de son élan spontané d'amour et se construit une protection qui est la haine. En général, celui ou celle dont le caractère se bâtit autour de la haine agit ainsi pour éviter d'être blessé à répétition par le parent qui le harcèle par ses abus sexuels, ses abus psychologiques, ses humiliations et ses injustices répétées, ses abandons successifs, son rejet massif, son indifférence volontaire. Devant cela, l'enfant apprend à refouler sa colère, sa rage et sa révolte. Il rumine et imagine des scénarios de guerre dans lesquels il se voit tuer son parent abuseur, ou tout au moins le blesser. En même temps qu'il déteste ce parent, il l'aime car il est sa seule référence affective. L'enfant a besoin d'attention pour se développer même si cette attention est dure. L'enfant a aussi besoin d'amour, de chaleur pour grandir, telle une plante ayant besoin de soleil. C'est pourquoi il va prendre, au compte-gouttes s'il le faut, les petits moments de tendresse qui lui seront donnés. Il tente alors de se construire et d'apprendre à aimer à travers tous les états contradictoires de haine, d'amour, de ressentiment, de culpabilité, ainsi que de pitié, qu'il traverse. Je me souviens de Pierre qui avait été pris en otage affectivement par son père dépressif ; ce dernier faisait alterner des mois de mutisme avec des mois de violence verbale. Pierre me répétait combien il avait pitié de son père et comment, tout en le détestant, il avait tenté de le sauver. Tout cela ne peut créer qu'un climat d'instabilité. Malheureusement, l'alternance de la violence et de la tendresse conditionne progressivement le tout-petit. Il croit que cela est l'amour. Il est lui-même divisé entre des élans d'amour et des élans de haine. Il découvre qu'il ne peut se défendre que par la soumission, or celle-ci éveille en lui la haine et le ressentiment. Ces états lui font éprouver une violence qu'il ne peut généralement pas exprimer extérieurement, aussi la retourne-t-il contre lui-même. Cette haine de lui-même et cette violence créent en lui une séparation : au tréfonds de lui, les élans d'amour qu'il réprime, partout ailleurs en lui, la souffrance. Petit à petit, l'enfant ne pleure plus, il se ferme, se rigidifie dans son corps et dans son cœur. Il devient de plus en plus froid et dur, tout cela pour survivre. Dans cet isolement, il conclut que l'amour est violence. Au fur et à mesure qu'il grandit, cette violence devient son ultime protection. Mais il est habité par une profonde contradiction car, au fond de lui-même, il n'est pas froid, il sait qu'existent cet amour et cette chaleur qu'il protège même s'il ne connaît autour de lui qu'un univers hostile.

En devenant adolescent, cet enfant cherchera à se nourrir d'hostilité pour exister et entretenir ses croyances sur l'amour. Il aura peut-être la force de se révolter contre le parent abuseur pour mettre fin à la relation caractérielle qu'il a avec lui. Il pourra notamment quitter la maison familiale et tenter de se reconstruire ailleurs. Mais il pourra aussi se réfugier dans les drogues et l'alcool afin de ne plus rien ressentir et de se maintenir dans son isolement glacial. Il sera alors ouvert à un amour fondé sur la maltraitance, car il se trouvera pris dans un cercle vicieux.

Lorsque cet adolescent devient adulte, la séparation intérieure entre l'élan d'amour et les autres sentiments contradictoires crée des états dérivés de l'amour caractériel : des sautes d'humeur et la dépression.

Les sautes d'humeur

Une des caractéristiques de la personnalité caractérielle sont les sautes d'humeur, expression du besoin instinctif de contrôler son territoire et de le contrôler par l'agressivité. Les sautes d'humeur renvoient à diverses psychopathologies ainsi qu'à des déséquilibres hormonaux importants. Dans la personnalité caractérielle, elles ont ceci de particulier qu'elles viennent du désir inconscient de briser l'harmonie d'une situation ou d'une relation, ou le bonheur de l'autre. Elles sont l'expression d'un besoin instinctif de contrôler et de prendre pouvoir sur l'autre en faisant subir son humeur à ce dernier ; une humeur qui relève la plupart du temps de la colère, de l'agressivité, voire de la haine. Les sautes d'humeur correspondent ainsi à des montées vives de colère, d'agressivité ou de haine non justifiées visant à se libérer d'un trop-plein de sentiments refoulés, ainsi qu'à punir l'autre.

Aline était en thérapie avec moi pour se reconstruire à la suite d'une relation avec un époux caractériel. Tant qu'elle a été fiancée à cet homme, tout allait bien. Ce n'est que lorsqu'elle l'a épousé qu'elle a découvert le tempérament caractériel de son époux. Pendant les deux années de son mariage, elle a été une victime habitée par la terreur. Elle vivait au quotidien avec le sentiment que tout était possible : allait-elle vivre ou mourir ? Regarder son mari trop longtemps, faire un peu de bruit en mettant la table, mal plier les vêtements, ne pas répondre assez vite à une question, rentrer plus tard que prévu, tout pouvait déclencher la colère de cet homme. Les objets volaient dans la maison, Aline était constamment sur le qui-vive, l'échine courbée, vivant dans la peur de tout et de rien. Si elle répondait à ses accusations injustes, il pouvait devenir violent, si elle n'y répondait pas, il la harcelait verbalement. Cet homme s'efforçait de maintenir le couple dans un climat de haine et d'agressivité constant. Aline, qui se sentait victime de l'amour caractériel de son époux, ne savait plus quelle attitude adopter : se taire ? répondre ? Un jour, elle tenta de quitter la pièce où il se trouvait pour aller se réfugier dans un endroit plus calme de la maison et il la poursuivit jusqu'à ce qu'elle lui réponde. Elle ne pouvait pas ignorer son mari car cela augmentait l'acharnement de celui-ci à vouloir se faire entendre à tout prix. Elle décida donc de quitter son rôle de victime et de devenir à son tour l'agresseur : elle lui dit tout ce qu'elle avait sur le cœur. Son époux se tut et se réfugia une semaine durant dans le mutisme. Il l'ignorait. Pour lui, elle n'existait plus. Il s'était replié sur lui-même. C'est alors qu'elle choisit de le quitter, ne pouvant imaginer devenir elle-même ce qu'elle reprochait à son époux. Depuis, ce dernier est entré dans une grave dépression.

La dépression voilée par la violence

Avoir la haine comme bouclier est difficile pour tout être humain. Ne connaître que la violence comme preuve d'amour crée à la longue, dans la psyché, un sentiment profond de division intérieure par rapport à la partie intacte de soi qui est animée par la bonté, la tendresse, la douceur. La personnalité caractérielle dissimule une profonde souffrance qui s'exprime par un état dépressif latent et des instincts suicidaires importants. Car il n'est pas naturel d'aimer dans la haine et la violence. Cela dénature les autres qualités intrinsèques de l'âme. Cela tue l'élan vital. La haine et le ressentiment éprouvés envers autrui créent, comme je le disais antérieurement, une culpabilité intolérable à la longue. Cette culpabilité donne à son tour naissance à la haine de soi. Aimer dans la violence ne nourrit pas une image positive de soi, au contraire, cela donne le sentiment d'être un monstre. Vivre en présence de ce monstre intérieur, qui semble souvent hors de contrôle, débouche sur un sentiment d'impuissance, le dégoût de soi et le désir de se tuer plutôt que de continuer à vivre ainsi. Les drogues, l'alcool peuvent donner l'illusion d'adoucir le monstre intérieur, ou de l'endormir l'espace de quelques heures, mais c'est une illusion : la dépression est bien présente. Ainsi les sautes d'humeur et l'agression qui s'ensuit sont-elles souvent suivies de moments intenses de repli complet sur soi et de mutisme qui sont très lourds pour l'autre. Quant à celui ou celle qui a semé la terreur, il ne sait souvent plus comment se sortir du cercle vicieux de la destruction. Il se sent emmuré par la haine, emprisonné dans son cœur et dans son corps. L'enfant intérieur qui est enfoui sous sa carapace caractérielle crie sa souffrance : il voudrait tant être aimé et pouvoir aimer. Mais comment aimer quand, au lieu de l'amour, c'est la violence qui s'exprime ? Comment aimer avec un monstre à l'intérieur de soi ? Ne reste-t-il que le repli sur soi et la dépression comme échappatoires à cette dure réalité ?

Le mur de l'isolement

L'amour caractériel isole à la longue l'individu, il crée en lui un mur intérieur qui ressemble à la grande muraille de Chine. Derrière ce mur se trouve un désert affectif douloureux où l'enfant intérieur est soit mort, à l'état de cadavre, soit mal nourri, souffrant et en larmes. Il a mal et il a besoin de l'exprimer. Ce sont ses larmes qui feront fondre la prison de glace retenant le mouvement de l'amour.

3
Le corps caractériel

L'inconscient s'exprime entre autres par le corps. La personnalité caractérielle habite un corps qui s'est défendu des messages contradictoires qu'il a reçus, qui s'est aussi défendu de la violence psychique ou physique dont il a été victime en se forgeant une carapace. Celle-ci étouffe la source d'amour et de vie logée au cœur du corps et entretient le conflit. Le corps cuirassé devient rapidement une prison pour l'élan d'amour et l'élan vital. Il inspire la dureté, l'attaque et le conflit, même si sous sa carapace se cachent l'impuissance et le désespoir d'un cœur meurtri. Pour guérir de sa personnalité caractérielle, l'individu devra se libérer des cuirasses corporelles qui la maintiennent en place.

Un corps qui se défend

Comme le montre l'illustration p. 207, le corps de la personnalité caractérielle est un corps qui se défend par son thorax. Sa cage thoracique est placée tel un bouclier bombé vers l'avant de façon à protéger le cœur qui est profondément meurtri. Comparons ce corps à un édifice : tout blocage à un endroit donné crée une réaction de compensation dans ce qui reste de l'édifice ; la même chose se produit sur le plan corporel : toute fixation à un endroit entraîne des compensations.

Ainsi, de chaque côté de l'avancée du thorax, les épaules tombent vers l'arrière, si bien qu'un creux se crée entre les deux omoplates en réponse à la cage thoracique bombée vers l'avant. Les bras sont en position d'agression, ils se tiennent prêts à frapper ou tout au moins à se défendre. Les mains sont habituellement fermées sur elles-mêmes, les doigts repliés tel un poing prêt à frapper. Les mâchoires demeurent fermées et crispées. La mandibule inférieure est soit carrée, ce qui inspire la dureté, soit pointue, ce qui évoque une sécheresse du cœur. Les lèvres sont habituellement minces car la volupté n'existe pas dans ce corps. Même si elles sont charnues, leur fermeture diminue leur beauté et leur expression spontanée de volupté. La bouche exprime de la colère, elle semble prête à mordre ou à crier. Les yeux sont soit rentrés dans leurs orbites, soit légèrement exorbités. Le regard est colérique, indiquant que la personne est prête à se défendre ou à tuer comme le dit l'expression « tuer du regard ». Ce regard se protège de tout autre regard posé sur lui, il cherche à semer la peur, voire la terreur.

La portion lombaire se creuse pour permettre une position de défense du bassin et des jambes. Le bassin est rétracté. Cette rétractation est liée à une compulsion sexuelle dont je parlerai dans le prochain chapitre (p. 211). Les jambes se mettent en hyperextension pour soutenir la position d'attaque du tronc supérieur. Les orteils touchent difficilement le sol même si le pied semble bien campé, car les tendons du pied sont rétractés.

Lorsqu'on regarde le corps de la personnalité caractérielle, on perçoit de la dureté, de la sécheresse, une fermeture. Ce corps n'inspire ni l'ouverture ni la tendresse. S'il est très mince ou anguleux, il n'invite pas au contact physique. S'il est enrobé de chair massive et dense, il semble dominer l'environnement par son volume et inspire la distanciation. Au contact physique, la peau et les muscles sont très tendus, toucher ce corps peut même inspirer le dégoût. Le corps de la personnalité caractérielle suscite habituellement de la peur, il est dur et donne l'impression de vouloir dominer à tout prix son environnement.

La Belle et la Bête

Les cuirasses que je viens de décrire sont celles d'un monstre de haine et de colère que nous pourrions appeler la « bête » en songeant au très beau conte *La Belle et la Bête* [1], une bête qui pourrait vite se transformer grâce à l'amour. Ses cuirasses cachent en effet un enfant intérieur qui est en très grande souffrance, isolé des autres par les prisons du corps et du cœur qu'il a érigées en lui depuis des années pour se protéger.

Lorsqu'un individu caractériel rencontre une personne qui ne l'est pas, il cherche à la dominer. Si l'amour de l'autre est vrai, cela peut être suffisant pour faire fondre la muraille

1. *La Belle et la Bête* est un conte dont le thème appartient au folklore universel. Ce conte, dont l'une des versions les plus anciennes remonte à Apulée, au IIe siècle avant J.-C., connut la célébrité en France lorsqu'il fut repris par Jeanne-Marie Leprince de Beaumont dans son *Magasin des enfants*, en 1758. Dans son sens profond, il représente un impossible amour entre une Belle et une Bête, deux êtres que tout sépare mais qui vont pourtant s'élever l'un et l'autre au-delà des lois et des préjugés. « La Belle et la Bête », Wikipédia :
http : //fr.wikipedia.org/wiki/La_Belle_et_la_B%C3 %AAte.
Ne sommes-nous pas tous un peu Belle et un peu Bête ?

intérieure de haine chez l'individu caractériel : la Bête pourrait ainsi se transformer grâce à l'amour détaché de son partenaire. Si, par contre, le partenaire se durcit sous les attaques du « caractère » de la Bête et s'efforce de lui ressembler pour se protéger, l'amour ne sera pas au rendez-vous. Il vaut mieux se retirer.

Lorsque deux individus caractériels se rencontrent, ils se toisent habituellement, puis ils s'attaquent afin de déterminer qui sera le dominant et qui sera le dominé. Mais qu'arrive-t-il lorsque deux dominants se rencontrent ?

4

Le couple caractériel

Le couple caractériel naît de la rencontre de deux êtres qui expriment leur amour par la haine et la violence. Leur union est scellée par le conflit. Cela est naturel pour eux, car au plus profond d'eux-mêmes, ces êtres croient qu'aimer consiste à se battre, à s'attaquer, à se dévaloriser, à prendre le pouvoir l'un sur l'autre et à dominer. Leur identité n'existe qu'à travers l'attaque et la défense. Du fait des expériences qu'ils ont faites durant leur petite enfance, ils ont développé une personnalité caractérielle avec ses protections spécifiques, ses prisons du cœur. Ce couple est à l'opposé du couple fusionnel. Le but de chacun de ses membres est en effet de se maintenir séparé de l'autre pour s'en protéger ou tenter de le dominer.

L'amour du conflit

Les protagonistes du couple caractériel s'aiment parce qu'ils peuvent laisser leur personnalité s'exprimer. Le conjoint n'a pas peur de blesser sa partenaire car celle-ci a le même pouvoir de le blesser et vice versa. Cela est entendu inconsciemment entre eux et s'apparente à un pacte à la fois instinctif et conditionné par les expériences du passé. Étrangement, comme les deux partenaires ont été conditionnés de la même façon et disposent du même instinct de défense et d'agression, ils peuvent laisser libre cours à la « bête » qui vit en eux. Cela crée une véritable attraction, un amour à la fois dévorant et repoussant. Les partenaires sont l'un pour l'autre le parfait reflet de la maltraitance amoureuse que chacun incarne. Ce miroir narcissique leur permet d'aimer en étant complaisants avec leur personnalité caractérielle ; ils aiment le monstre qui vit en eux autant qu'en l'autre. Cette reconnaissance secrète scelle leur amour. Même s'ils se maintiennent séparés pour survivre, ils sont dépendants l'un de l'autre parce qu'ils sont dépendants du conflit et de la violence au quotidien. En cela réside leur identité. Le couple fusionnel n'est donc pas le seul à connaître la dépendance, le couple caractériel en fait aussi l'expérience, non seulement vis-à-vis du conflit, mais aussi, souvent, vis-à-vis de la sexualité, de la drogue et de l'alcool. Regardons à présent comment le couple caractériel vit l'amour au quotidien.

Le conflit au jour le jour

Au moment de leur rencontre, les partenaires d'un couple caractériel ne sont pas nécessairement attirés l'un par l'autre. En premier lieu, ils jaugent leurs défenses, leur haine et leur agressivité. Ils prennent ainsi le temps de s'assurer que l'autre leur ressemble bien et que la relation se fondera sur un conflit même si celui-ci n'est pas encore manifeste. S'ils se trouvent dans une même pièce, ils évaluent leurs déplacements, le ton de leur voix, les mouvements de leur corps,

Posture corporelle d'un couple caractériel

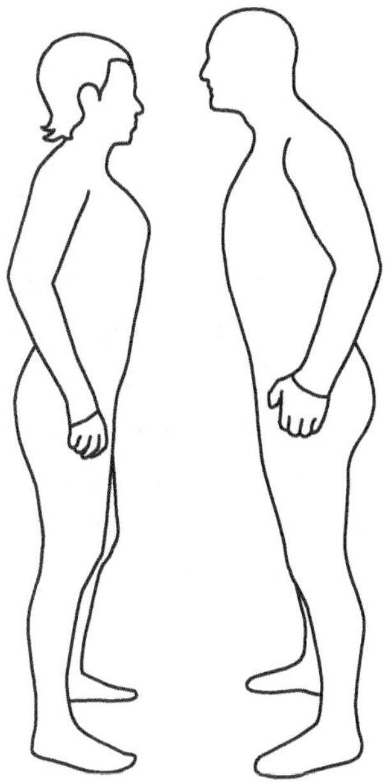

le rythme de leur communication verbale, leurs rires sarcastiques et, finalement, la volonté de domination qui émane de chacun d'eux. Ils peuvent aussi se mesurer au cours d'un échange sexuel qui leur permettra de mesurer la force de la personnalité de leur partenaire. Chacun aime provoquer, chacun reconnaît en lui et en l'autre la même haine des humains, le même cœur fermé à l'amour. De cette rencontre, chacun tirera un sentiment de pouvoir et de puissance. La rencontre faite et l'évaluation de l'autre terminée, les deux partenaires peuvent décider s'ils souhaitent se revoir.

Si le futur couple se rencontre de nouveau, c'est pour découvrir l'étendue du territoire agressif et conflictuel qu'ils pourront partager ensemble. Ils vont ainsi se tester et explorer leurs potentialités respectives en critiquant l'autre, en le jugeant, en le dévaluant. Chacun tente d'établir une relation conflictuelle tout en observant les réponses verbales et non verbales de son partenaire. Chacun essaie de comprendre les codes de l'autre et d'instaurer les siens. Inconsciemment, les deux partenaires se posent les mêmes questions : « Jusqu'où puis-je aller pour le ou la blesser ? », « Jusqu'où puis-je aller pour que cela lui fasse mal ? », « Quand vais-je pouvoir enfin sentir que je blesse l'autre ? ». Les partenaires étant deux dominants qui se rencontrent, chacun aura tendance à chercher la faille, la vulnérabilité de l'autre pour pouvoir ensuite l'attaquer et le blesser avec succès. Cette faille n'est pas facile à trouver parce que les deux partenaires savent très bien se défendre par l'agressivité, voire par la violence, en maintenant un conflit perpétuel. Or ce conflit, en les gardant à distance, séparés, les empêche de se pénétrer psychiquement : leurs attaques rebondissent sur l'autre comme sur une surface réfléchissante. Il peut ainsi se passer des semaines et des mois durant lesquels alternent des moments de grande agressivité avec des pauses marquées par le repli sur soi et le mutisme. À l'occasion, chacun va voir ailleurs afin de tenter dominer d'autres personnes. Jusqu'au moment où les codes de la relation sont bien établis et son territoire bien défini. Alors, le couple se crée.

Une fois le couple créé, débute le conflit éternel, signe d'amour pour ce couple. Les partenaires s'attaquent : un jour je te blesse, demain c'est à ton tour, cela afin d'attiser leur excitation psychique basée sur l'amour du conflit. En même temps, ils ont envie l'un de l'autre, leur désir est à fleur de peau. Ils vont se posséder physiquement en allant jusqu'à marquer le corps de l'autre pour signifier leur domination.

L'échange permet de faire se relâcher la tension, en même temps il avive le désir de posséder l'autre au-delà du physique, ce qui sera difficile car l'autre sait très bien se défendre.

Chacun est marqué par une profonde blessure et a appris à se protéger. L'excitation perverse caractérisant cette relation crée une dépendance affective qui est de l'ordre d'un besoin irrésistible de l'autre, car l'identité de ce dernier est un reflet de la sienne et, comme celle-ci, repose sur l'exacerbation du conflit, de l'agressivité et de la violence. Dans son quotidien, le couple retrouve le quotidien de son enfance. Ce genre de couple peut consommer de l'alcool et de la drogue à outrance afin d'exacerber son état de conflit. Plus le temps passe, plus il vit en vase clos. À l'extérieur, la personnalité des partenaires change : ceux-ci sont plus doux, plus affables, plus communicatifs avec les autres car ils sont rassasiés au quotidien dans leur besoin de conflit.

Une journée par semaine pour se disputer !

J'ai déjà rencontré dans ma pratique des couples caractériels qui avaient « leur journée » dans la semaine pour s'attaquer mutuellement car leur emploi du temps ne leur permettait pas plus ! Le conflit débutait en général par des symptômes physiques chez l'un des partenaires. C'était le cas de Noëlle et de sa partenaire Jude que j'ai reçues en thérapie de couple.

Tous les dimanches, lorsque venait le moment d'aller visiter des amis, Noëlle avait une crise de foie. Cela contrariait grandement Jude qui aimait retrouver leurs amis le dimanche. Jude voulait que Noëlle vienne et insistait. Débutait alors pour Noëlle le jeu du oui et du non, bientôt suivi de mutisme et de bouderie. Ce qui irritait Jude qui, finalement, la traînait quasiment physiquement pour qu'elle vienne. Noëlle choisissait d'accompagner Jude à seule fin de l'ennuyer, alors qu'elle aurait préféré rester tranquille à la maison. Les deux partenaires étaient liées par un pacte tacite de punition, de vengeance et d'autopunition, ce qui est typique du couple caractériel. De plus, Noëlle et Jude savaient presque consciemment que leur jeu de conflit et de vengeance ne plaisait pas à leurs amis. Ces derniers, qui voulaient se détendre, voyaient en effet arriver chez eux un couple qui se disputait ouvertement tout le dimanche après-midi. Lorsque cela était terminé et qu'enfin le couple rentrait chez lui, les amis étaient épuisés et avaient l'impression d'avoir perdu leur temps. Mais comme ils avaient peur de ce couple, ils n'osaient pas mettre fin à ces rencontres. Une fois rentrées chez elle, Noëlle et Jude faisaient l'amour pour se libérer du trop-plein de conflit. Noëlle n'avait plus de problème de foie, et elle riait avec Jude des amis qui avaient souffert de les recevoir. Leur semaine se terminait ainsi. Le restant du temps, Noëlle et Jude s'évitaient en prétextant des emplois du temps très chargés. Si elles devaient se voir pour une raison ou une autre, c'était toujours sur un mode conflictuel, en se « jappant » après. Le couple ne se retrouvait que pour faire l'amour sauvagement. Jude et Noëlle s'aimaient et voulaient adopter des enfants. Selon leur point de vue, elles vivaient un amour véritable. Elles se reconnaissaient profondément l'une dans l'autre. Elles me disaient avoir eu le même genre de passé : un père violent et alcoolique et une mère souffrant de dépression.

Le couple vivant un amour caractériel partage une identité commune tout en étant désuni par le conflit. Il se nourrit en répétant exactement ce que chacun de ses membres a vécu durant son enfance.

La sexualité

L'échange sexuel est le seul territoire sur lequel chacun peut se détendre, s'abandonner à l'autre et laisser tomber ses défenses. Dans l'amour caractériel, lors du jeu préparatoire à l'échange sexuel, la domination est toujours présente, le besoin de posséder l'autre, d'en faire son objet de plaisir et de vengeance aussi. Le cœur est toujours fermé même si le bassin et le sexe s'ouvrent. Les partenaires caractériels utilisent la sexualité comme une drogue qui les soulage temporairement de leur conflit. Cette sexualité n'est pas tendre, elle est sauvage et même dure, avec l'assentiment des deux partenaires. Ce qui est une réelle soupape pour la tension créée par le conflit quotidien. La détente que procure la rencontre sexuelle ne libère pourtant pas le cœur de son armure. Le coït a lieu, le système nerveux se détend, mais les défenses psychiques et physiques sont maintenues.

La sexualité du couple caractériel peut aller jusqu'à une forme de perversion. La douleur et le plaisir se côtoient alors sur une frontière qui n'est pas toujours bien définie. Un certain nombre de personnes vivant un amour caractériel ont été abusées sexuellement. La mémoire de ces abus, même si elle est enfouie dans leur préconscient, voire leur inconscient, est présente dans leur corps, particulièrement dans la région qui a subi l'abus. C'est pourquoi l'être caractériel peut retrouver le désir de blesser et d'être blessé au cours de l'échange sexuel, de même qu'une jouissance à être dominé et à dominer. Sur ce plan aussi, les états sont contradictoires.

Cette forme de sexualité, basée sur un mélange de douleur et de plaisir, est incompréhensible pour un couple dont l'un des partenaires est caractériel et l'autre ne l'est pas. Le couple de Jeanne et Pierre en est un exemple.

Jeanne est caractérielle et Pierre ne l'est pas. Pierre aime Jeanne car elle est pour lui une représentation symbolique de sa mère caractérielle. Ce que Pierre ne comprend pas, c'est qu'au fur et à mesure que le conflit se développe, Jeanne est de plus en plus excitée et veut faire l'amour avec lui. Pierre, au contraire, n'est pas prêt, son cœur est encore en souffrance à cause du conflit et sa personnalité est encore sur la défensive à la suite des agressions verbales de Jeanne. Cela, Jeanne ne le comprend pas. Excitée psychiquement et physiquement, elle veut posséder Pierre et être possédée par lui. Elle tente alors de lui montrer qu'elle l'aime et elle essaie de détendre l'atmosphère. Pour elle, c'est une démonstration d'amour, mais Pierre a le sentiment d'une incompréhension totale. Lui n'est pas excité, bien au contraire. Le conflit lui fait perdre sa puissance érectile. Jeanne, insatisfaite, reprend la lutte.

Ce que ce couple vit est à l'opposé de ce que vit un couple dont les deux partenaires sont caractériels. Ceux-ci, excités par le conflit, vivent passionnément leur sexualité dans la dureté. Ils se défoulent en se lançant des qualificatifs durs, voire en se blessant légèrement sur le plan physique afin de marquer l'autre, puis ils se détendent. L'intermède sexuel terminé, ils reviennent au conflit verbal.

Le fait que la sexualité du couple caractériel permette l'expression d'éléments refoulés et procure un sentiment de puissance et de plaisir est suffisant pour que le corps et la psyché en redemandent comme une drogue à heure fixe. De là naît la dépendance. La sexualité devient une drogue apportant des moments de bien-être et de montée vers le septième ciel, bientôt suivis d'une descente aux enfers. L'échange sexuel n'est en effet qu'une pause avant que ne reprenne le combat journalier.

5

Comment se libérer de l'amour caractériel

Il n'existe pas de solution miracle pour se libérer de l'amour caractériel, il n'existe que des miracles. Celui qui a une personnalité caractérielle a l'impression de porter en lui un monstre de méchanceté et de haine. Plus il aime dans le conflit et la violence, comme il l'a appris, plus il est confronté à ce monstre. Cela entretient son isolement et sa coupure d'avec le potentiel d'amour qui est en lui et chez les êtres qui l'entourent. Pourtant, l'amour est la seule voie pour sortir de relations caractérielles. Cette affirmation semble simpliste, elle implique toutefois une grande transformation intérieure et extérieure. Il est difficile, pour celui qui ne connaît que l'amour caractériel, de se laisser toucher par l'amour, car il vit toujours en présence de l'équation : amour = violence et agression. Comme je le disais antérieurement, un univers de glace, de froideur et de dureté entoure son cœur. Seuls l'amour et le contact avec sa propre souffrance, cette souffrance qui a généré la fermeture de son cœur, peuvent faire fondre cette prison. L'être qui aime dans le conflit est quelquefois surpris par la vie, son mouvement et des événements qui s'enchaînent malgré lui : le diagnostic d'une maladie, le divorce d'avec son conjoint, ou tout simplement le fait de côtoyer la mort ou la naissance. Il perd soudainement le contrôle de son monde car la vie vient le questionner et le surprendre. Elle éveille alors son cœur fermé.

Libérer l'enfant blessé de sa prison de glace

Une des premières étapes vers la libération consiste à reconnaître que l'amour véritable est réellement emprisonné en soi et qu'il est possible d'aimer sans conflit.

Pauline avait 40 ans lorsqu'elle fut témoin d'une agression en plein après-midi dans le centre-ville de Montréal. Elle fut la première sur la scène du crime. Comme elle me l'a raconté par la suite, sa vie s'est transformée à partir de ce moment-là. Elle avait devant elle une femme qui venait d'être poignardée dans le cœur. Pauline s'est penchée sur cette femme, lui a tenu la main, lui a parlé, l'a réconfortée, l'a maintenue en vie par sa voix et son regard jusqu'à ce que les secours arrivent sur place. Elle n'a jamais revu cette femme. Elle sut par les journaux du lendemain qu'elle était décédée. Tel fut l'événement qui permit à Pauline de quitter la prison de glace où elle était enfermée depuis sa petite enfance. Elle me confia qu'elle avait aimé cette femme dans un mouvement de compassion : « Devant sa souffrance, mon cœur s'est ouvert. Une chaleur a envahi ma poitrine et je me suis demandé pourquoi j'avais haï les autres toute ma vie. » En réalité, Pauline s'était spontanément reconnue dans cette femme. Un jeu de miroir s'était produit, auquel son inconscient et sa personnalité consciente avaient réagi. Du jour au lendemain, Pauline changea sa façon d'aimer. Elle cessa d'alimenter les conflits de son couple caractériel et tenta d'aimer son mari différemment. Elle vint me voir en thérapie et ensemble nous avons travaillé sur son passé, mais surtout sur la libération de son enfant intérieur et sur la guérison de son ressentiment.

Nous portons tous en nous un enfant intérieur[1] créateur qui nourrit notre âme. Cet enfant peut avoir été blessé. C'est le cas chez la personne qui aime par la haine. En elle, cet enfant est en grande souffrance. Il est emprisonné dans la prison de glace d'une tristesse qui n'a jamais été pleurée, étouffé ou mal nourri, voire maltraité par l'adulte meurtri qui ne parvient pas à se laisser aller à l'amour. Que nous ayons été mal aimés, trop aimés ou non aimés, nous sommes souvent éloignés de notre enfant intérieur. C'est encore plus vrai pour celui ou celle qui s'est construit autour de la haine et du ressentiment. Voici l'histoire d'Isabelle qui a su transformer sa haine en amour.

Isabelle se présente comme participante à un séminaire de quatre jours sur le thème de la libération de l'enfant intérieur[2]. Elle est toujours assise devant et prend

1. Le concept d'*enfant intérieur* est ancien. Le psychanalyste Carl G. Jung parlait d'*enfant divin*. Par ce terme, il désignait cet aspect du soi qui est toujours nouveau et spontané, libre de tout passé. Depuis les années 1960, de nombreux psychothérapeutes tels que le Dr Charles Whitfield aux États-Unis, le pédiatre et psychanalyste D. W. Winnicott en Angleterre et la psychologue Alice Miller en France, ont développé diverses approches thérapeutiques en s'aidant de concepts proches tels que le *Vrai Soi* ou l'*Être Vrai*. L'*enfant intérieur*, quant à lui, est devenu un concept-clé dans le domaine du développement personnel. Il désigne l'enfant qui vit en chacun de nous, un enfant libre et créateur ignorant la culpabilité. La notion d'*enfant blessé* renvoie, elle, à la blessure fondamentale qui vient limiter la spontanéité et le potentiel illimité de l'enfant intérieur ou divin.

2. « La libération de l'enfant intérieur » est le nom d'un séminaire au cours duquel la personne est invitée à explorer ses mécanismes de

beaucoup de place par ses questions tranchantes. Son agressivité est palpable, elle semble prête à nous sauter dessus... Ses mâchoires serrées, ses poings fermés, son torse bombé nous laissent présumer qu'elle connaît une grande souffrance. De jour en jour, son attitude irrite quelques personnes du groupe. Pendant ses interventions, nous entendons des soupirs, des ricanements. Mon coéquipier et moi constatons qu'Isabelle suscite de l'agressivité et des jugements. Progressivement, elle est écartée par le groupe. Plus nous nous approchons du cœur du séminaire, qui consiste à aller à la rencontre de l'enfant blessé, plus Isabelle devient agressive, le groupe également. Vient le jour où nous sommes censés aller à la rencontre de l'enfant intérieur, et ce par le biais d'un exercice spécifique. J'observe comment Isabelle ressort de l'exercice. Elle est assise, seule, repliée sur elle-même, et ne veut échanger avec personne. Je m'approche d'elle, me mets à l'écoute des messages de son corps. Ce que je vois me bouleverse : Isabelle pleure tout doucement et tient entre ses mains l'objet symbolique représentant son enfant intérieur. Elle me dit : « Je n'ai qu'une envie : c'est de l'aimer. Je ne veux plus de dureté ni d'agressivité. Je suis si fatiguée de me défendre. J'ai tellement besoin de me reposer. J'ai vu mon enfant intérieur, il était mal nourri, laissé pour compte, abandonné. Une prison de métal l'entourait et je l'ai libéré. Je l'ai pris dans mes bras... Nous sommes si

---

protection et à aller à la rencontre de sa blessure fondamentale. Différents outils sont utilisés pour établir un dialogue avec l'enfant intérieur, l'apprivoiser s'il y a lieu, puis le libérer de l'enfermement où il a été placé inconsciemment. Le but est de rétablir l'état d'amour, de joie, de spontanéité et d'émerveillement qui est inné en chacun de nous mais qui a souvent été annihilé par nos peurs et nos conditionnements. Site MLC© Méthode de Libération des Cuirasses :
http : //www.marieliselabonte.com/fr/5semenfant.htm

fatigués ». Mon coéquipier et moi lui avons demandé quel était son besoin dans l'immédiat. Isabelle voulait se laisser aller à pleurer et se faire bercer. Une assistante accompagna Isabelle dans ce besoin. Dans les heures et les jours qui suivirent cette expérience, Isabelle s'est transformée. Son cœur était ouvert, de la douceur et de la bienveillance émanaient d'elle. Elle s'est mise à établir de véritables liens avec certains participants du groupe. Mon coéquipier et moi n'avions plus la même personne devant nous. Isabelle avait échangé sa haine pour de l'amour.

Pleurer sa souffrance

Celui qui ne sait aimer que dans la haine devient à la longue insensible aux autres, autant à leur souffrance qu'à leur beauté. Il est de glace, plus rien ne le touche. Il s'est éloigné petit à petit de son cœur d'enfant. Même s'il est rempli de désespoir, si son état est dépressif et son âme douloureuse, il ne sait plus comment pleurer. Toute sa vie durant, il a cherché à s'éloigner de sa souffrance qui était intolérable, mais ses larmes se sont figées depuis longtemps. C'est ce qui a créé la prison physique et psychique autour de son enfant intérieur blessé. Cette partie de nous, l'enfant qui porte la blessure d'amour, a besoin d'être libérée pour que l'amour circule de nouveau dans notre cœur et notre corps. Les événements chocs d'une vie peuvent percuter cette souffrance enfouie. Ils fissurent alors la forteresse de glace et permettent à la personne de pleurer.

Jacques était l'un de mes patients. Il aimait dans la haine depuis l'âge de 5 ans. Un matin, son fils de 7 ans est mort, tué par un chasse-neige dans une rue de Montréal. Jacques était révolté. Il passa une année à poursuivre en justice la Ville de Montréal. Lorsqu'il eut obtenu gain de cause, il entra dans une dépression qui fut très révélatrice pour lui. Jacques, qui ne pleurait plus depuis longtemps, s'est mis à pleurer. Sa femme et ses enfants, qui l'avaient toujours vu colérique et violent, ne le reconnaissaient plus. Jacques pleurait sans pouvoir s'arrêter. Il pleura pendant quatre mois et maigrit beaucoup. En même temps, il avait l'impression d'entrer en contact avec son enfant intérieur qui portait la blessure fondamentale de la maltraitance. Des moments difficiles de son enfance, qu'il avait jusque-là occultés, lui revenaient en mémoire. Parallèlement, il prenait contact avec la rage et le ressentiment qu'il éprouvait vis-à-vis du parent qui l'avait abusé. Jacques, tout en pleurant son fils, pleurait son propre passé d'enfant. La mort de son fils avait ouvert la voie à la communication avec son monde intérieur. Cet événement lui avait permis de faire face au monstre qui avait tué son enfant intérieur. Petit à petit, son cœur s'est ouvert, ce qui a permis à tous les membres de la famille d'entrer eux aussi dans un contexte de guérison et de deuil. Jacques, ainsi que sa femme et ses enfants, ont retrouvé un amour créateur.

Laisser aller le ressentiment

Se dégager du ressentiment est une des choses les plus difficiles à vivre dans le processus visant à se libérer de l'amour caractériel. Grand, en effet, est l'attachement au sentiment de colère et au désir de punition. Il n'est pas nécessairement conscient cependant. Celui ou celle qui aime dans la haine vit dans un cercle vicieux de persécution et de victimisation des autres et de lui-même. De ce fait, il dispose toujours d'un coupable et d'une victime, ce qui alimente son ressentiment. Le Dr Simonton, célèbre oncologue, propose une visualisation pour se libérer du ressentiment [1]. Ayant fait moi-même cette expérience dans ma vie de jeune adulte atteinte d'une maladie incurable, j'ai développé une visualisation inspirée de celle du Dr Simonton. Vous la trouverez en annexe de cet ouvrage (p. 277).

L'état de ressentiment n'est pas le propre des gens qui aiment dans la haine et le conflit. Tous ceux et celles qui souffrent d'une blessure d'amour fondamentale et qui n'ont pas pris la responsabilité de leur souffrance le connaissent. Tous ceux qui accusent les autres de leur souffrance sont aux prises avec le ressentiment, à des degrés différents. À la longue, cet état toxique produit de la culpabilité. Celle-ci va envenimer le tout. Se libérer du ressentiment n'est possible que si nous acceptons la blessure qui y est inhérente. Il faut reconnaître que « oui, j'ai souffert », « oui, une partie de moi est encore en souffrance », « oui, j'ai mal », « oui, j'ai le droit de pleurer ma souffrance », « oui, j'ai le droit d'avoir mal ». Cette étape est essentielle si l'on veut cesser d'accuser l'autre, car accuser l'autre, lui donner le rôle du persécuteur, du bourreau, ne fait que nourrir le ressentiment. Il y a en effet toujours quelqu'un qui nous a blessés... Que d'énergie perdue à accuser les autres et à s'accuser soi-même. Une

1. Si vous souffrez d'une blessure ancienne, que vous pensez sans cesse à ce que vous auriez dû faire ou au comportement répréhensible de l'autre, c'est que des sentiments non résolus vous animent. Pour tenter de les intégrer, vous pouvez utiliser la technique présentée dans Dr Carl Simonton, Stephanie Matthews Simonton, James Creighton, *Guérir envers et contre tout : le guide quotidien du malade et de ses proches pour surmonter le cancer*, Paris, Desclée de Brouwer, 1982.

telle attitude ne respecte pas la vie. Elle engendre une perte de l'énergie amoureuse et créatrice permettant l'autoréparation. Pour libérer le ressentiment, il faut commencer par reconnaître sa souffrance et permettre à l'enfant blessé qui vit en nous de pleurer et de dire : « J'ai mal. » Cet enfant a le droit à sa souffrance.

La seconde étape consiste à se poser la question : « Comment puis-je m'aider dans cette souffrance ? » ou : « Comment puis-je aider l'enfant blessé qui vit en moi ? ». Évidemment surgira le réflexe qui consiste à accuser l'autre, celui qui nous a blessés. Il faut alors reconnaître que cela est sans fin : accuser l'autre, même si cela nous met un léger baume sur le cœur, est une grande illusion. La douleur fondamentale fait toujours mal, et c'est nous qui souffrons, ce n'est pas l'autre. L'autre est aux prises avec sa propre souffrance, et nous avec la nôtre. C'est si simple… Renoncer au ressentiment, c'est permettre à celui ou celle qui nous a fait souffrir de s'en aller. Nous ne pouvons pas le retenir à jamais. Se guérir du ressentiment est un exercice de détachement. Cette énergie libère l'amour qui nous aidera à guérir l'enfant blessé qui vit en nous. Si vous décidez de laisser aller votre ressentiment, consultez l'annexe et pratiquez la visualisation que je vous propose (p. 277).

Se laisser toucher par l'amour

Je me souviendrai toujours d'un séminaire que j'ai vécu à Chicago. Le thème de ce séminaire était l'amour. À l'époque, j'étais de retour au Québec. Je m'étais autoguérie de mon arthrite physique et émotionnelle, mais il restait l'arthrite mentale… J'étais encore attachée à certains comportements et conditionnements qui auraient pu me conduire à une rechute générale. Pourtant, je travaillais quotidiennement à maintenir l'équilibre entre ce que je vivais dans mon corps et les aspects inconscients de ma maladie que je n'avais pas encore mis au jour. Quelque chose me poussa à me rendre en voiture au séminaire de Chicago, en plein hiver. De Montréal à Chicago, la route est longue et ardue... Mais j'ai à peine hésité, à peu près sûre que tel était mon chemin d'autoguérison.

Le séminaire débute par des exercices de respiration inspirés du rebirth et de la méthode de Stanislav Grof[1]. *J'entendais le mot « amour », constamment répété ; en fait, j'entendais* love *car le séminaire se déroulait en anglais.* Love, love, love, *mes oreilles me faisaient mal, je ne supportais plus d'entendre ce mot et je sentais monter en moi une énorme résistance. J'aurais voulu hurler : « Cessez de répéter* love, *je n'en peux plus ! » Puis vint un exercice à travailler à deux : un des partenaires accompagnait l'autre par un toucher léger sur sa tête et sur son cœur. J'étais étendue sur le sol, la première à recevoir car je n'avais qu'une envie : fuir ou m'écrouler tant j'étais fatiguée... Lorsque mon partenaire me toucha la région du cœur et par la suite déposa sa main sur ma tête, comme un père ou une mère avec sa fille, j'ai vu avec mes yeux intérieurs que mon cœur, même s'il semblait ouvert, était encore fermé face aux autres. J'ai vu qu'une zone de mon cœur intérieur était fermée à l'amour, et ce depuis l'âge de 4 ans... Mon corps repoussait la main bienveillante qui s'était posée très légèrement sur lui, puis soudain, j'ai*

1. Pour la méthode du rebirth, voir la note 1 p. 70. Stanislav Grof, né à Prague en 1931, est le fondateur de la psychologie transpersonnelle et des techniques de respiration holotropique voisines du rebirth.

lâché prise et j'ai senti que cette même main, qui n'avait pourtant pas bougé à l'extérieur, touchait mon cœur : je venais de m'ouvrir davantage à l'amour, je recevais l'amour, l'énergie circulait depuis la main de l'autre participant jusqu'à mon cœur, de mon cœur à sa main. En même temps, mon inconscient me renvoyait plusieurs scènes de ma vie durant lesquelles j'avais fermé mon cœur pour me défendre de l'amour. Les images visuelles circulaient et les sensations kinesthésiques aussi. Mon corps vibrait à l'amour. Je me laissais enfin toucher par l'amour. J'allais avoir 28 ans.

Le lendemain, je refaisais la route de Chicago à Montréal. Des souvenirs concernant ma vie continuaient de me venir en tête. À ce moment-là, j'ai compris que je venais de me libérer de mon arthrite « mentale ». Le séminaire avait ouvert une des portes de la prison de mon cœur. J'acceptais d'être touchée par l'amour et de le vivre dans la liberté et la spontanéité.

Tout ce que nous venons de voir dans ce chapitre peut servir d'outil pour se libérer d'un amour fondé sur la haine et le conflit. Mais il s'agit là de suggestions d'exploration. Ce n'est en effet pas l'outil qui assure la libération, c'est nous-mêmes. Nous sommes l'ultime outil de libération des prisons de notre cœur.

Quatrième partie

L'amour créateur

1+1=3

« Peut-être que l'Amour c'est ce mouvement par lequel je te ramène doucement à toi-même. »

Antoine de Saint-Exupéry

L'amour créateur est l'amour qui nous met au monde. Grâce à lui nous faisons l'expérience d'aimer autrement. Cet amour nous révèle à nous-mêmes, il nous sort des retranchements où nous nous étions réfugiés jusque-là lorsque nous étions amoureux, il nous apprend à aimer autrement. L'amour créateur répond à un appel à se vivre différemment. Il est une naissance. Il nous sort du vide, de la séparation, du conflit et de la dépendance. Il marque le moment d'un choix ou d'une prise de responsabilité : dans l'amour créateur, nous choisissons de vivre d'une autre manière l'amour avec soi et avec l'autre. Comme le dit Saint-Exupéry, l'amour est ce mouvement qui nous ramène à nous-mêmes. Créateur, il nous réunifie avec nous-mêmes, et il nous guide vers une communion. Il existe une réelle puissance créatrice de l'amour ; cette puissance guérit, unifie et libère.

1
La conscience d'aimer

Nous disposons en nous d'un potentiel d'amour et de vie. Un appel profond à aimer et à vivre dans un élan créateur d'amour nous habite. La popularité des sites de rencontre sur Internet témoigne de l'existence de cet appel. Il existe par contre une réelle différence entre aimer à partir de nos conditionnements et de nos blessures et aimer à partir de notre être profond, le soi. Dans la première partie de ce livre, nous avons exploré la naissance à l'amour, depuis le moment où nous sommes fœtus jusqu'à celui où nous devenons de jeunes adultes. À présent, dans cette dernière partie, nous abordons une seconde naissance, une naissance à une autre dimension de l'amour qui est bien là, en nous, dans notre corps, notre psyché, notre âme. *Nous pouvons aimer autrement, mais comment ?* Pour aimer autrement, nous choisissons d'abord de nous affranchir de l'esclavage vis-à-vis de la façon d'aimer qui nous maintient dépendants de notre blessure. Pour aimer autrement, nous devons faire le choix de guérir notre blessure au lieu de la protéger, de mettre un baume dessus et de continuer à nous y attacher.

Pour aimer, il est nécessaire de se connaître, nécessaire de mener à bien l'exploration décrite dans les trois premières parties de ce livre : quels sont nos conditionnements ? De quelle nature est notre blessure d'amour ? De quoi avons-nous besoin pour nous sentir aimés ? Ces questions et leurs réponses sont importantes, car elles nous aident à prendre la responsabilité de nous aimer, nous-mêmes et les autres, autrement. Comment puis-je vraiment aimer l'autre si je suis toujours en manque d'amour, en état de survie affective ? Comment puis-je aimer l'autre si ma blessure est toujours ravivée par lui ? Connaître notre façon d'aimer sert l'évolution de notre personnalité et de notre âme mais ne nous ouvre pas automatiquement à l'expérience profonde de l'amour. Cela ne nous aide pas nécessairement à nous détacher de notre souffrance et à nous ouvrir à l'amour créateur qui vit en nous.

Empruntons cette piste : connaître notre blessure d'amour et nos besoins affectifs ne nous assure pas que nous saurons répondre à ceux-ci, pas plus que cela ne nous garantit que nous saurons guérir de notre blessure. Comme le dit Khalil Gibran, « l'amour suffit à l'amour ». J'ai observé dans ma vie personnelle, avec mes amis, ainsi que dans ma pratique professionnelle, avec mes patients, que nous libérer de la dépendance affective ou de l'amour fondé sur le conflit pouvait nous entraîner dans un repli narcissique. Il est difficile de penser que l'on puisse d'un jour à l'autre se dire : « Je mets un terme à mes compulsions, je comble mon manque, je réponds à mes besoins, je soigne ma blessure, je pardonne à mon agresseur, je me libère de mon ressentiment », et y parvenir… Ces actions peuvent bien sûr libérer notre personnalité amoureuse de sa prison. Malheureusement, si nous ne sommes pas vigilants, ce retour à soi peut aussi nous ramener à notre prison, car si nous avons été blessés nous trouverons toujours de bonnes raisons pour ne pas aimer, ce que j'appelle les *raisons du cœur*.

La Terre entière nous fournit chaque jour mille raisons de ne pas aimer vraiment, dans la création et la liberté, et avec détachement. Un certain nombre d'entre nous attendons que l'amour nous sauve de nous-mêmes tout en restant enlisés et attachés à un amour mièvre ou fondé sur la maltraitance. Qu'attendons-nous pour renoncer à ces formes d'amour et aller vers l'amour vrai ?

Répondre à nos besoins affectifs est une étape. Par contre, choisir d'aimer au quotidien tout en connaissant notre histoire et notre blessure relève de la conscience d'aimer, c'est-à-dire d'un engagement réel dans notre relation à l'autre et à nous-mêmes. Pour que le potentiel créateur de l'amour puisse s'exprimer, il est important de lâcher prise, de changer de position intérieurement, de nous détacher des formes d'amour que nous connaissons et pratiquons depuis des années. Ce changement de position intérieure permet à l'amour de surgir naturellement, avec son pouvoir réparateur, guérisseur, unifiant.

Permettons à notre corps de se détendre, écoutons l'amour en nous et suivons son appel, accueillons également nos zones d'ombre, permettons enfin à l'amour de nous initier.

L'amour vrai ne s'apparente pas à une recherche de croissance personnelle que l'on atteint par des exercices, l'amour vrai est une puissance innée. Il est un appel à grandir et à se retrouver en soi et à travers l'autre. Laissons maintenant de côté la question : « Comment aimons-nous ? », et passons à celle-ci : « Aimons-nous ? »

L'axe d'amour

Un jour, en 1977, à Paris, j'étais couchée au sol sur un tapis de jute en présence d'une dame qui me guidait dans des mouvements corporels pour libérer les tensions de mon corps arthritique[1]*. Les participants que nous étions avions appris à utiliser deux balles de tennis et à les faire rouler le long de notre dos de chaque côté de la colonne vertébrale. La voix douce de cette femme m'aidait à accueillir la douleur de mes muscles rigidifiés par la maladie. La même voix nous invitait à faire des pauses et à respirer sur les balles. Ce que je fis. À ce moment-là, les balles étaient placées, entre mes deux omoplates, sur la zone des muscles rhomboïdes*[2]*. Je tentais de respirer dans cette position quand, soudain, j'eus une révélation : j'avais le sentiment d'entrer en présence de l'amour. Les balles étaient douces, mes muscles s'assouplissaient. J'ai alors compris qu'au plus profond de moi-même existait un trésor infini de grâce, de beauté, d'amour. Des larmes de joie se sont mises à couler le long de mes joues. J'ai vu ma vie de femme malade se dérouler en vitesse accélérée devant moi. J'ai compris combien je m'étais détestée, haïe, bafouée dans mon corps et mon être, combien je m'étais autodétruite. Cette prise de conscience de ma propre maltraitance n'était pas douloureuse car l'expérience d'amour était là, qui soutenait ce moment de révélation. J'ai alors su que jamais plus je ne m'autodétruirais. Comment aurais-je pu vouloir détruire ce qu'il y avait de plus*

1. À l'âge de 13 ans, j'ai en effet été terrassée par une première crise d'arthrite rhumatoïde. Jusqu'à l'âge de 26 ans, j'ai mené une lutte intense contre cette maladie dite incurable. C'est alors que je découvris l'anti-gymnastique, que j'étudiai à Paris auprès de Thérèse Bertherat, tout en m'engageant dans un processus d'introspection en profondeur. Cette démarche, qui marqua le début de mon autoguérison, me permit de triompher de la maladie.

2. Le grand rhomboïde et le petit rhomboïde forment une masse musculaire carrée et aplatie située dans le haut du dos, sous le trapèze. Ils s'étendent depuis la colonne vertébrale jusqu'au bord de l'omoplate. Ils contribuent à faire tourner l'omoplate et à soutenir la tête. *Encyclopédie médicale Le Clinicum, op. cit.*

beau en moi ? À partir de ce jour de février 1977, je n'ai plus jamais rechuté dans l'autodestruction.

Je venais de prendre contact avec la partie intacte de moi-même, ce réservoir d'amour, cette grâce qui nous habite tous. D'où venait cet amour ? Des balles de tennis ? Non, bien sûr ! De la voix de la femme qui me guidait ? Peut-être, mais sa voix était toujours agréable à entendre. Alors d'où venaient cet amour, cette vague de chaleur, cette sensation de plénitude, de grâce, qui me permettaient enfin de trouver le repos en moi ? De mon être. J'étais devenue beaucoup plus vaste que ma personnalité souffrante. Comme le dit la psychanalyste Marion Woodman, « je ne peux pas me guérir moi-même mais il y a en moi une force qui peut me guérir, encore faut-il que j'y fasse appel [1] ». J'étais sur le chemin qui me menait à la guérison et j'avais lancé un appel intérieur à mon être pour guérir de ma souffrance physique et psychique. En moi, une force d'amour avait répondu à cet appel. Deux balles de tennis en mouvement sur les muscles que j'appelle les piliers du cœur avaient réussi à tirer hors de son enlisement l'énergie d'amour qui reposait au cœur de mon corps. Les mouvements psychocorporels [2] que je faisais avaient ouvert le chemin à une expérience plus vaste, à une vision plus large de ma personnalité jusque-là si repliée sur elle-même du fait de la maladie, contractée. Ils avaient tout

1. Marion Woodman, diplômée de l'Institut Jung de Zurich, est une analyste jungienne de réputation internationale. Elle a un cabinet à Toronto et a écrit plusieurs essais marquants sur la psychologie et les attitudes de la femme moderne. Il est possible de lire en traduction, notamment, *La Vierge enceinte : Un processus de transformation psychologique*, Montréal, Éditions de la pleine lune, 1992.

2. Ce travail corporel sur moi-même a été le point de départ de la Méthode de Libération des Cuirasses que je devais développer par la suite ; voir la note 1 p. 39.

simplement ouvert la voie à l'*axe d'amour*, cette communication entre la personnalité et l'énergie des profondeurs de l'être, entre le moi et le soi, l'axe moi-soi comme le qualifie Carl G. Jung[1].

Consciemment, j'ignorais qu'en moi existait cette partie intacte, cette puissance de l'amour. J'avais cherché l'amour à l'extérieur de moi toute ma vie, je m'étais épuisée à m'autodétruire. Un jour, j'avais tout quitté pour aller à Paris afin de me consacrer à mon autoguérison. J'explorais mes cuirasses depuis des mois[2], et là, grâce à un simple mouvement, je m'étais retrouvée, j'avais enfin rencontré mon être profond, mon axe d'amour. Cette expérience m'a soutenue tout au long du processus d'autoguérison que j'ai mené contre la maladie incurable qui tenaillait mes articulations. Le sentiment profond d'avoir en moi une partie intacte m'a aidée à passer à travers les moments les plus difficiles : quand je travaillais à libérer progressivement mes zones de souffrances physiques et affectives, quand je connaissais le doute également, car les médecins que je consultais, d'orientation holistique et allopathique, me disaient combien j'étais malade, quand je me décourageais, pensant que je n'y arriverais pas. Je sentais en moi cette énergie libérée, ce sentiment d'être grâce, beauté et amour. Je savais qu'en moi existait une force, un pouvoir, que rien ne pouvait entacher.

1. L'axe moi-soi désigne la relation entre le moi conscient et la totalité de la personne, le soi. « Quand on parvient à percevoir le Soi comme quelque chose d'irrationnel, qui Est tout en demeurant indéfinissable, auquel le Moi ne s'oppose pas et auquel le Moi n'est pas soumis, mais auquel il est adjoint et autour duquel il tourne en quelque sorte comme la terre autour du soleil, le but de l'individuation est alors atteint. » Carl G. Jung, *Dialectique du moi et de l'inconscient*, *op. cit.*, p. 106.

2. *Se guérir autrement c'est possible*, Montréal, Les Éditions de l'Homme, 2001, p. 59.

Petit à petit cet axe d'amour s'est transformé en une conscience de ce qu'est l'amour ; c'est cette conscience qui m'a aidée à sortir des relations de dépendance affective dans lesquelles j'aurais pu rechuter à tout moment. La conscience qu'une partie de moi était intacte a fait que je ne suis plus jamais retournée à la destruction : je disposais d'une base d'amour. L'amour m'avait libérée de mon enfermement. L'amour m'avait libérée de moi-même.

L'axe d'amour peut être trouvé par tous. Il est le chemin intérieur qui permet la communication entre notre personnalité consciente et la partie intacte de nous qui n'a jamais été entachée par la blessure fondamentale.

L'amour est souvent enlisé sous des couches de peurs, de conditionnements et de réflexes de survie, physiques et psychiques, qui le limitent. L'axe d'amour se vit dans le corps, il existe au-delà de notre axe vertical et de notre axe horizontal, il est directement relié à la respiration profonde, cellulaire, que permet la réharmonisation de nos trois diaphragmes : pelvien, thoracique et crânien. Il est au-delà de la respiration thoracique ou abdominale, il est de l'ordre de l'aspiration, il est un appel d'amour. Corps et psyché, âme et personnalité peuvent ainsi être réunifiés. Il arrive que nous tournions longuement en rond à cause des couches qui nous emprisonnent, que nous ressentions l'appel de l'amour sans oser y répondre. Nous pouvons cependant nous faire confiance car la partie intacte de nous sait non seulement *comment aimer*, elle sait *aimer*.

Cette partie intacte, qui est notre force d'amour et de guérison, peut nous amener bien au-delà de notre blessure fondamentale d'amour, de nos besoins affectifs, de notre ressentiment et de nos manques, si nous y faisons appel. Lorsqu'elle surgit, elle nous guide vers une ouverture aux qualités essentielles de notre être, de notre âme incarnée sur terre. Ouvrir les portes de la prison, enlever les dorures, faire fondre les barreaux, sortir de la souffrance de l'emprisonnement et de la retenue d'aimer : c'est ainsi que, très profondément, l'amour nous libère de nous-mêmes.

La position intérieure

L'axe d'amour est une position intérieure qui ne relève pas de la personnalité, du moi bâti, construit. Nous l'atteignons lorsque nous quittons nos protections et que nous cessons d'aimer à partir de notre blessure. Cela ne résulte pas d'un acte de volonté, pas plus que nous ne pouvons pénétrer notre carapace par notre vouloir. C'est pourquoi nous pouvons suivre tous les séminaires personnels sur l'amour, passer notre vie dans un ashram, ou lire tous les livres parus sur l'amour, nous n'avons aucune garantie que l'axe d'amour s'ouvrira en nous et que notre conscience se déploiera. Si nous n'appelons pas l'amour, si nous n'éveillons pas en nous ce désir si profond de vivre la richesse d'aimer, si nous nous complaisons dans notre souffrance sans prendre le risque d'aller au-delà de nous-mêmes, il nous sera difficile d'entrer dans l'amour profond.

Je me souviens de l'un de mes patients, Louis, qui me disait : « Je ne peux pas aimer car je n'ai jamais été aimé. » Louis, du point de vue de sa personnalité blessée, avait raison de penser qu'il lui serait difficile de savoir ce qu'est l'amour. Et pourtant, l'amour était là, en lui, tout comme l'amour est là, en vous, en moi, en l'autre, en chacun de nous. Tout est une question de position intérieure comme l'illustrent bien les deux cas de Louis et de Sylvette. Louis aimait à partir de sa blessure. De ce fait, il était contracté et se laissait envahir par la croyance sournoise qu'il ne pouvait aimer parce qu'il ne l'avait pas été. Sylvette, elle, malgré tout un cheminement (psychanalyse, formations diverses, séminaires) faisait l'expérience d'un amour fondé sur la maltraitance. Bien qu'elle eût en main des outils pour comprendre et agir, elle était toujours mal aimée. Sylvette se positionnait en amour à partir de sa blessure d'abandon. Elle était soit en protection, soit en dépendance, les deux positions que sa personnalité blessée connaissait depuis sa petite enfance. En réalité, l'être profond de Sylvette était beaucoup plus vaste que sa personnalité marquée par la blessure d'abandon, mais elle l'ignorait. Elle répondait à ses besoins affectifs, elle agissait sur ses manques et ses compulsions, elle faisait tous les exercices nécessaires, mais, malgré cela elle n'arrivait pas à changer de position. Louis et Sylvette avaient peur d'aimer, car aimer, dans leur expérience, signifiait être abandonné, être maltraité. Louis et Sylvette ne changeaient rien à leurs habitudes ; ils continuaient de se lier à des femmes et des hommes qui leur renvoyaient le miroir de leur blessure. Ils avaient en eux et autour d'eux les outils pour transformer et élever l'amour blessé en amour créateur, mais ils n'arrivaient pas à se laisser porter par l'élan d'amour, l'appel à vivre quelque chose de différent. Ils manquaient de souplesse pour changer de position et pour s'explorer différemment. Ils habitaient un territoire connu de leur personnalité, l'enfermement, ce qui se reflétait autant dans leur vie professionnelle que dans leur vie personnelle. Ils attendaient que l'amour les sauve d'eux-mêmes, les guérisse de leur blessure fondamentale. Cette position n'est pas créatrice : c'est une position passive.

La blessure fondamentale : un guide vers la conscience d'aimer

J'ai un jour rencontré un homme que j'ai profondément aimé. Pour les fins de ce livre, je vais l'appeler Xavier. Tout mon être était en résonance avec le sien. Lui aussi m'aimait. Plus nous nous rencontrions, plus nous sentions l'immense potentiel qui existait en nous et entre nous. De cet amour émanait une générosité, nos cœurs, nos corps se déployaient. Ensemble, nous dégagions une vibration qui marquait les autres autour de nous. Malheureusement pour nous deux, cet homme, dans ce qu'il était et de par ses expériences passées, savait exactement toucher ma blessure fondamentale d'amour. Instinctivement, j'ai senti que cet homme pouvait me faire mal là où j'avais été blessée. Le plus étonnant est que cet homme ne m'avait pas blessée. Je sentais simplement qu'il avait en lui le potentiel de le faire du fait de sa propre blessure. Intérieurement, je sentais que la force de l'amour qui se déployait entre nous nous initierait à quelque chose de plus grand que nous, mais je savais aussi que cette initiation signifiait pour moi la possibilité d'être blessée avec la même puissance qu'avait notre amour. Je n'étais pas prête. Je me suis alors retirée de la relation. Je n'ai pas permis à l'amour que nous ressentions l'un pour l'autre de nous initier. Je n'avais pas d'explication rationnelle et logique à donner. J'ai réagi par la peur, en fonction de ma blessure. Je suis passée à côté du mystère de l'amour. J'ai refusé d'aller à la rencontre de cet homme ainsi qu'à ma propre rencontre. S'est présenté à moi un autre homme, Paul, qui m'apporta le confort, la sécurité et l'accompa-

gnement dont j'avais besoin à l'époque pour évoluer. Notre relation n'avait rien de menaçant, par contre elle n'était pas non plus très stimulante. Pendant les deux années qui ont suivi ma rupture d'avec Xavier, j'ai été intérieurement obsédée par ce dernier. Je sentais que j'étais passée à côté de mon être affectif et à côté du mystère de l'amour.

La blessure d'amour est là et elle nous fait mal jusqu'au moment où nous lui permettons de nous guérir. Est-ce un contresens que d'affirmer qu'une blessure peut guérir ? Non, naturellement. Une blessure peut en effet nous amener à une dimension plus profonde de nous-mêmes, une dimension cachée qui est la part de nous qui sait comment nous guérir, qui sait comment nous aimer pour nous élever. L'histoire de Jacques, dont le fils a été tué par un chasse-neige, illustre ce point. La mort de son fils le heurta d'une façon telle qu'elle raviva en lui la blessure qui, jusque-là, l'avait amené à aimer dans la violence. La blessure provoquée par la mort d'un enfant est indescriptible. Dans le cas de Jacques, cette blessure l'a aidé à entrer en contact avec quelque chose de plus profond en lui : sa blessure inconsciente en tant qu'individu et parent. Il aurait pu choisir de renforcer sa muraille intérieure de haine. Au contraire, la dépression qu'il vécut le rendit si vulnérable qu'il fut entraîné dans ses abysses, ses profondeurs. La perte d'un enfant, en lui faisant retrouver sa propre blessure, lui permit de retrouver l'amour.

Imaginons le scénario suivant : vous avez une plaie purulente et vous y ajoutez constamment une pommade pour vous soulager et l'oublier ; mais vous ne la laissez pas respirer à l'air libre, vous ne prenez pas le temps de la nettoyer et de la regarder pour voir si elle va dans le sens de la guérison ou d'une aggravation. Pensez-vous que votre plaie guérira ?

Imaginons cet autre scénario : on vous blesse et, plutôt que de vous occuper de votre blessure, vous n'êtes préoccupé que par celui ou celle qui vous a blessé jusqu'à oublier que votre blessure est bien vivante et purulente. Que se passe-t-il ? La blessure continue de faire mal et elle risque de s'infecter. En nous concentrant sur celui ou celle qui nous a blessés ou que nous avons perçu comme le bourreau de notre souffrance, nous nous éloignons de ce qui est là, en nous, et qui nous fait mal. C'est ainsi que notre blessure nous détruit. Faut-il pour autant pardonner à celui qui nous a blessés et cela suffit-il ? Le pardon soulage. J'ai constaté dans ma pratique que le pardon aide la relation à l'autre, mais il n'aide pas la relation à notre blessure fondamentale. Le pardon est un baume. Il soigne, il ne guérit pas.

Lorsqu'il y a blessure, il y a blessure. Nier cette réalité est désastreux autant pour vous que pour ceux qui vous entourent. Nier cette réalité est douloureux pour l'amour. La blessure, par la douleur qu'elle provoque, attire votre attention sur l'essentiel : *prendre soin de votre blessure* et, à partir de là, prendre la responsabilité de vivre et d'aimer.

Que fait un animal blessé ? Il se retire pour lécher ses plaies. Il s'occupe de sa blessure. Nous devrions faire comme lui : nous occuper de notre blessure fondamentale d'amour car elle nous conduit à ce qui est essentiel dans notre vie. Elle nous amène au cœur de notre corps et de notre être. Elle nous pousse vers notre axe d'amour grâce auquel se rencontrent notre passé, notre présent et notre avenir, « au cœur du cœur du cœur », « au centre du centre du centre ». Le retour à la blessure est essentiel pour libérer l'amour qui est retenu dans les profondeurs de l'être. C'est à partir de ce retour à la blessure que pourra se déployer la réserve d'amour qui existe en soi : le cœur, dans sa dimension *sacrée*. Ce retour transforme un cœur fermé en un cœur ouvert. Le cœur, dans sa dimension sacrée, c'est l'énergie qui émane d'un nourrisson, c'est son regard, ses petits mouvements, la douceur avec laquelle vibre son corps. C'est la vulnérabilité qui nous amène à la profondeur.

Pensant m'être bien protégée de ma blessure, j'ai continué à vivre ma vie affective avec Paul, jusqu'au jour où la blessure réapparut. Paul lui-même, celui qui représentait l'amour sécurisant, me l'a servie sur un plateau d'argent. Quelle surprise ! La vie venait de déjouer les plans de ma personnalité amoureuse. « Comment désirez-vous être aimée ? » Je connaissais la réponse. « Pouvez-vous aimer de la même façon votre partenaire ? » Non, je ne le pouvais pas. Alors, la vie, dans un mouvement de grâce, m'a présenté ma blessure, celle que j'avais fuie jusque-là dans mes rencontres avec les hommes. Confrontée à cette expérience majeure, j'ai choisi cette fois de ne pas fuir et je me suis armée de courage pour y faire face. J'aurais pu fermer mon cœur à Paul comme je l'avais fait avec Xavier, mais j'ai réussi à maintenir mon cœur ouvert tandis que je me voyais abandonnée par l'homme que j'aimais. Ce fut une grande étape dans mon expérience de l'amour ; il est en effet aisé d'aimer lorsqu'on est aimé, par contre aimer quand l'autre n'aime plus… Cela, je l'avais évité toute ma vie. J'ai alors choisi de maintenir mon cœur ouvert en présence de mon compagnon qui, lui, vivait un moment de sa vie avec une autre femme. Pendant que Paul allait explorer ce dont il avait besoin, je me suis assise avec ma blessure car cette blessure d'abandon était mienne. Je me suis penchée sur ma façon d'aimer, sur la conscience que j'avais de l'amour, et j'ai observé le jeu de ma personnalité blessée. J'avais toutes les raisons pour juger et fermer mon cœur. Colère, sentiment d'injustice, possessivité, jalousie, vengeance, tous ces méandres vers lesquels nous pousse le rôle de victime ne faisaient qu'augmenter ma souffrance et entravaient ma relation d'intimité avec moi-même. Il n'y avait pas de coupable, il n'y avait pas de victime, il n'y avait pas de pardon. Il y avait ma présence à l'amour et à cette rencontre intime avec moi-même en moi-même. Il me fut très difficile de constater que je n'avais aucune raison de cesser d'aimer Paul. Du point de vue de ma souffrance, j'avais bien sûr toutes les raisons. Toutefois, de l'intérieur de mon être, je constatais que Paul n'était pas un bourreau. Son expérience était tout à fait compréhensible : il avait besoin d'explorer des dimensions de lui-même qui étaient refoulées. Jusque-là, il avait été emprisonné par le complexe du bon garçon, de l'homme parfait. Par ailleurs, Paul aimait une autre femme. Qui étais-je pour le retenir ? Il avait le droit d'aimer comme il en avait envie, peu importait ses raisons. En m'ouvrant à l'amour qui était là, en moi, j'ai compris rapidement que je n'étais pas la gardienne de son cœur. Le cœur de Paul appartenait à Paul et le mien à moi-même. Ce fut très difficile à accepter. Jusque-là, en effet, j'avais aimé de façon infantile. Je disais aux hommes que j'aimais : « Aimez-moi, mais je refuse de me regarder en face et de prendre moi-même soin de ma blessure », je leur disais : « Je vais vous aimer si vous vous occupez de mon abandon ».

Même si j'avais rencontré la partie intacte de moi-même au cours de mon processus d'autoguérison, il me restait encore des raisons de ne pas aimer l'homme que j'avais en face de moi, de toujours me ménager une porte de sortie et de ne pas réellement m'engager. Paul m'avait aidée à prendre en charge ce que je n'avais pas voulu affronter avec Xavier : ma peur d'être abandonnée. Grâce à lui, je passai de la *retenue d'aimer* à *aimer*. Je me suis engagée en permettant à l'amour d'agir son mystère en moi pour me conduire vers la guérison et la libération.

2
L'élan amoureux

Quand je regarde les gens qui m'entourent, mes élèves en formation, mes amis qui consultent Internet en espérant trouver l'homme ou la femme de leur vie, lorsque j'échange avec les participants à mes séminaires ou avec le public lors de conférences, quand j'écoute mes neveux et mes nièces et lis les journaux féminins, je mesure à quel point la quête d'amour est incommensurable comme le sont les conditionnements amoureux qui l'entourent. Lorsque, dans mon cabinet, mes patients atteints de cancer me parlent de leur relation conflictuelle avec leur conjointe ou leur conjoint ou lorsque mes amis intimes me racontent leurs déboires amoureux, je réalise que la planète connaît actuellement une grande maladie d'amour : la majorité des hommes et des femmes sont en quête d'une énergie dont ils disposent en eux-mêmes, mais qu'ils ne voient pas. Par ailleurs, l'amour de l'autre semble être quelque chose de très douloureux, qui manque beaucoup mais qui est impossible à atteindre. Je considère pour ma part que cette façon de voir les choses relève d'un contresens. Il me semble surtout que les gens ont peur d'aimer. Comme si aimer c'était risquer sa vie… Qu'est-ce qui fait que l'amour fait si peur ? Est-ce son aspect infini ? Est-ce son pouvoir initiateur ? Est-ce parce qu'il suscite la peur d'avoir à se retirer dans ses derniers retranchements et de devoir faire face à ses blessures comme je viens de le décrire à propos de ma propre expérience ?

J'ai peur d'aimer parce que j'ai peur d'être blessé, j'ai peur d'aimer parce que j'ai peur d'être trahi, j'ai peur d'aimer parce que j'ai peur de me retrouver face à ma blessure. La peur d'aimer nous maintient à l'extérieur de nous-mêmes. Dans cet *extérieur à nous* existent des formes d'amour avec conditions : « Je t'aime si… », « Aime-moi, mais… ». Ces façons d'aimer se caractérisent par l'inhibition de l'action et la censure de l'élan amoureux. Or, cet élan, cet appel profond à aimer, est un mouvement vital. Il est l'élan de vie, l'élan qui rend notre vie créatrice. Se laisser emporter par l'élan d'amour nous aide à aller à la rencontre de nous-mêmes, et surtout à nous retrouver. Si nous restons dans nos retranchements, nous ne trouvons que notre fermeture qui, à la longue, nous amène à nous déprécier et à nous séparer de nous-mêmes. Nous risquons de devenir des fantômes de l'amour, l'opposé d'êtres vibrants d'amour.

Le camouflage

Je suis bien placée pour vous parler de la peur d'aimer. Non seulement cette peur et la crainte d'exprimer mes sentiments faisaient partie de la façon d'aimer que j'avais héritée de ma mère, mais en plus j'avais développé, comme quelqu'un qui souffre de bégaiement, tout un système de moyens susceptibles de déjouer l'homme qui se trouvait en face de moi et de lui faire croire que je l'aimais. Si je compare mes tactiques à celles qu'utilise le bègue pour avoir une parole fluide, c'est que j'ai travaillé quelques années auprès de gens qui bégayaient. J'ai pu constater que je leur ressemblais. En amour, je semblais fluide, mais je bégayais. J'avais tellement peur d'être abandonnée que j'abandonnais avant que l'on m'abandonne. C'est là une tactique bien connue des hommes et des femmes qui souffrent d'avoir été délaissés. J'évitais ainsi de ressentir la blessure qui me tenaillait au plus profond de mon être et qui entravait mon évolution. J'ai eu besoin de plusieurs relations amoureuses pour me permettre d'oser enfin faire face à l'abandon. Combien d'hommes ai-je quittés ? À combien d'hommes ai-je fait connaître l'abandon ? Cette tactique d'évitement ralentissait ma maturation affective tout autant que mon évolution sur le chemin de ma propre vie, ce que je compris par la suite. En amour, je n'étais pas authentique. De ce fait, je n'étais pas totalement en vie. Étrangement, en abandonnant l'autre, je m'abandonnais, je jouais à cache-cache avec moi-même, je mentais à l'autre sur mes sentiments, mais, surtout, je me mentais à moi-même. Par la suite, j'ai été grandement rattrapée. Toutes ces années de fuite, de défense, de cassure de mon élan d'amour se sont volatilisées en quelques expériences majeures qui m'ont ramenée à l'expérience de l'amour véritable. J'ai rencontré l'amour. Ce n'était même pas courageux, c'était que je n'avais plus le choix : aimer ou retourner à la maladie[1].

Le détachement

La peur d'aimer est la peur de mourir à ce que nous connaissons de nous-mêmes, car aimer nous initie à autre

1. Jean Sandretto, « Les voix de notre inconscient », *Ce que nous disent nos rêves*, juillet 2006, site Psychologies.com :
http : //www.psychologies.com/cfml/article/c_article.cfm ?id=5814

chose. Pour l'écrivain du Vieux-Montréal que j'évoquais dans la deuxième partie de ce livre, la peur d'aimer équivalait à la peur de se perdre dans l'autre ; pour Anna, mon amie, la peur d'aimer voulait dire la peur d'être blessée de nouveau ; pour d'autres, la peur d'aimer signifie la peur d'être fragilisé et de devoir retourner à ses réflexes de défense, ses retranchements et ses complexes. Il est évident que nous pouvons connaître toutes les formes d'amour décrites antérieurement, mais osons aller plus loin.

Aimer nous pousse à une rencontre intime avec nos profondeurs, aimer nous rend soudainement conscients de nous-mêmes, aimer nous oblige à quitter la superficialité de notre être pour plonger dans les abysses. Aimer peut faire peur car aimer nous pousse à sortir de notre blessure, à nous guérir. J'ai accompagné mes patients dans ce passage délicat au cours duquel l'amour qui les animait et leur environnement les amenaient à faire face à leur blessure et à guérir. Par contre, je dois vous dire que si mes patients se sont ainsi abandonnés à l'amour, c'est qu'ils étaient sur le point de mourir. Avons-nous besoin d'attendre la mort ? Avons-nous besoin d'attendre le moment où nous n'avons « plus rien à perdre » pour nous abandonner à l'amour ? Si tel est le cas, mourons maintenant, mais aimons !

Aimer en mourant ou *mourir en aimant* nous fait naître à la dimension une et indivisible de notre être. Il est vrai que durant la période de la construction de notre personnalité nous avons rencontré l'amour sous différentes formes. Le résultat, pour la majorité d'entre nous, fut que nous nous sommes éloignés de nous-mêmes et avons divorcé de notre nature profonde. Ce processus fait partie du chemin d'individuation ainsi que je le décris dans *Le Déclic*[1]. Toutes les formes d'amour, depuis les premières façons d'aimer héritées

1. *Op. cit.*, p. 39.

de la famille à l'amour caractériel, font partie du chemin quand il s'agit de devenir un individu à part entière. Mais ne restons pas là, cachés sous notre camouflage, derrière nos carapaces. Sortons de nos retranchements. C'est la seule façon d'aimer, la seule façon d'évoluer vers l'authenticité. L'amour vrai peut faire peur car il provoque, par sa vérité, la rencontre intérieure des forces qui sont en opposition en nous : la rencontre de notre puissance et de notre fragilité.

La puissance fragile de l'amour

Aimer nous met face à notre part de fragilité, c'est pourquoi l'amour initie. Quand nous quittons les formes contractées de l'amour, qui nous sont inspirées par notre personnalité, pour aimer avec notre être, cette personnalité risque d'être démunie devant l'élan d'amour, projetée dans un mouvement qui déstabilise son ego, ses constructions, ce qui est « connu ». Aimer nous oblige à naître, et nous voilà comme des enfants, dans une innocence et une fragilité de l'être que nous avions fuies, il se peut, toute notre vie. La maladie, la mort ont le même effet initiateur que l'amour. C'est pourquoi aimer nous rapproche de la sensation de mourir. Cette fragilité est bénéfique, elle nous guide vers l'élan le plus profond de notre être, elle ouvre nos cuirasses, elle les fait fondre et nous met en présence des qualités inhérentes de notre âme que sont, entre autres, la bonté, la tendresse, la douceur, la tolérance, le détachement, la générosité, l'accueil, le respect, la liberté. Aimer nous rapproche d'un état de sécurité profonde qui est l'essentiel. Il n'y a rien d'autre qui existe dans l'amour que l'amour. L'expérience de la fragilité nous procure en effet une grande sécurité qui dépasse largement les attentes de notre personnalité. La fragilité d'aimer fait fondre nos doutes, nos peurs, nos illusions, tout ce qui nous éloigne de l'authenticité, tout ce qui retient notre élan pur, notre élan spontané d'enfant innocent et confiant. Dans la fragilité, une puissance se fait jour. Non pas la puissance dure et froide de la domination, non pas la puissance forte du contrôle, mais la puissance tranquille de l'amour, la puissance fragile de l'amour.

J'ai été témoin, dans ma pratique, de ce que je nomme l'*effet déclic*, ce moment où le patient passe de la maladie à la guérison, ce moment miraculeux qui ne peut s'expliquer que par la puissance tranquille et fragile de l'amour, de la vie. Ce moment où l'individu ancré dans la maladie, l'incompréhension, le non-amour, se trouve catapulté vers la guérison et l'amour. Le déclic correspond tout simplement à un changement de position intérieure tel que décrit antérieurement : à la place de la position qu'a prise notre personnalité pendant des années, disons une position de défense face à l'amour, face à la vie ou face à l'être aimé, surgit soudainement une force, un élan tranquille qui produit un changement de position : là où il y avait séparation, il y a soudainement union, unification. Une vision nouvelle des choses apparaît. Une présence à soi émerge. Telle est la puissance tranquille et fragile de l'élan d'amour véritable. Ce déclic, Pauline l'a vécu tandis qu'elle tenait dans ses bras une femme qui venait de se faire poignarder[1] ; à compter de cet instant, l'amour caractériel qu'elle connaissait depuis des années s'est transformé en amour ; Pauline n'avait plus envie de haïr comme avant. « Une chaleur a envahi ma poitrine et je me suis demandé pourquoi j'avais haï les autres toute ma vie », m'a-t-elle dit. Pauline a connu un déclic. Qu'est-ce qui fait que Pauline et bien d'autres ont soudainement accès à la puis-

1. Voir la troisième partie, chapitre 5, p. 215.

sance de l'amour qui vit en eux ? Qu'est-ce qui a fait que sa personnalité a soudainement fait place à une fragilité qui lui a permis de découvrir l'amour véritable, celui qui ouvre les portes du cœur et qui fait que la souffrance a un sens ? Qu'est-ce qui a fait que Jacques, à la suite de la mort de son fils et de sa propre dépression, a lui aussi connu un déclic ? Pourquoi attendons-nous des événements majeurs pour nous éveiller à l'amour véritable — cet amour qui ouvre les portes de la mort de la personnalité défensive et nous donne accès au paradis du *meilleur de soi*[1] ? Aurions-nous peur que l'amour nous révèle à nous-mêmes ?

Qu'il y a-t-il entre nous et l'amour ? Tous nos masques, toutes nos peurs, toutes nos blessures, tous nos attachements, toutes nos illusions, tout notre désir d'être sauvé, tous nos besoins qui n'ont pas été satisfaits, et quoi d'autre ? Notre insécurité, notre narcissisme, notre enfant blessé, notre peur de souffrir. Osons descendre dans des couches plus profondes : entre nous et l'amour est le mystère.

1. Guy Corneau, *Le Meilleur de soi*, Montréal, Les Éditions de l'Homme, 2007.

3

Le couple intérieur

Deux énergies intérieures nous animent, qui peuvent paraître en opposition, mais qui font partie du même mouvement du soi, de notre être profond. Tout comme nous retrouvons la fragilité dans la puissance, nous retrouvons la puissance dans la fragilité. Ces énergies, même si elles semblent en opposition, sont complètement compatibles et surtout complémentaires. D'elles dépend l'harmonisation de notre être. À l'image de la nature comprenant les forces du ciel et de la terre, du soleil et de la lune, notre corps présente un côté gauche et un côté droit, une partie supérieure et une partie inférieure. Notre système nerveux central fonctionne également à partir de couples d'opposés : le système parasympathique, relié à l'hémisphère droit de notre cerveau, siège de la réceptivité et de l'écoute (énergie yin), et le système sympathique, relié à l'hémisphère gauche du cerveau, siège de la logique, du calcul et des aspects plus rationnels (énergie yang). En psychosomatique, nous considérons que le parasympathique relie l'être aux valeurs féminines et le sympathique aux valeurs masculines. Nous sommes fondés sur la dualité. C'est parce que nous faisons intérieurement l'expérience de la dualité que nous cherchons instinctivement à nous accoupler.

De la dualité intérieure au couple

Je reprends ici le propos de Carl G. Jung[1] selon lequel nous naissons indivisibles. Jung nous dit que nous naissons unis et que c'est l'acte de la naissance qui nous fait connaître notre première séparation d'avec la matrice. À partir de ce moment-là, poursuit-il, nous recherchons immédiatement à rétablir le contact avec l'autre qui, à l'origine, était notre mère. Ainsi, dès le début de notre vie, essayons-nous de recréer l'unité avec l'autre, unité que nous avons connue, à moins d'expériences traumatiques, au cours de notre vie intra-utérine.

J'ajouterai que la division sera d'autant mieux vécue que la dyade avec la mère aura été sereine. Notre division suit la construction de notre personnalité d'enfants, d'adolescents, puis de jeunes adultes, cela malgré nous. Elle peut même aboutir au divorce d'avec notre nature profonde, car en grandissant, nous construisons un « autre moi-même », une fausse personnalité que nous expérimentons dans les formes d'amour décrites antérieurement[2]. Voilà pourquoi plus nous avançons en âge, plus nous pouvons ressentir le besoin de nous réunifier au fil de ce que Jung nomme le chemin d'individuation.

Les événements extérieurs peuvent nous y aider grâce aux synchronicités[3], notre monde intérieur également, par le biais des rêves et des symptômes. Et Jung de conclure : « Nous

---

1. *Dialectique du moi et de l'inconscient*, *op. cit.*
2. *Le Déclic*, *op. cit.*, p. 42.
3. Jung a remarqué que les grands tournants de la vie psychologique sont souvent accompagnés d'événements significatifs dans la vie extérieure, ou *signes de jour*. *Synchronicité et Paracelsica*, Paris, Albin Michel, 1988.

naissons indivisibles, nous rencontrons la division pour en venir plus tard à une réunification [1]. » Cet appel à se retrouver soi-même est rythmé comme un mouvement de balancier. La dualité qui nous anime ressemble à une horloge interne dont le balancier s'ajuste de façon à permettre l'union des opposés, l'union des forces contraires et complémentaires : lune et soleil, yin et yang, féminin et masculin, conscient et inconscient. Cette union ne peut être vécue qu'à partir de l'axe d'amour, car lui seul permet de développer une position intérieure fondée sur l'harmonisation des forces en opposition.

Le mouvement du balancier

Plus nous sommes séparés de notre nature profonde, plus nous avons tendance à ne nourrir qu'un pôle du balancier. C'est ainsi que la médecine chinoise diagnostique les méridiens de tout un chacun en fonction des catégories yin et yang, comme étant trop pleins de yin ou vides de yang, ou l'inverse. De la même façon, un thérapeute corporel tel qu'un kinésithérapeute ou un ostéopathe pourra vous dire que vous portez le poids de votre corps à gauche ou à droite, ou encore que vous êtes déséquilibré parce que votre bassin n'est pas aligné avec le haut de votre corps. Tendre vers un seul côté du balancier déséquilibre non seulement le corps physique mais aussi la relation au monde intérieur et aux autres. Même notre psyché est animée de couples d'opposés : les ombres et la lumière, l'âme et la personnalité, le conscient et l'inconscient ; même nos complexes reposent sur des couples

1. *Dialectique du moi et de l'inconscient*, *op. cit.*, p. 106.

d'opposés [1] ; un bon exemple est le complexe de la bonne et de la mauvaise fille. Nous sommes également deux dans l'archétype de l'enfant qui comprend l'enfant divin et l'enfant blessé [2].

Nous sommes faits de polarités, qui, en tout temps, peuvent se trouver en déséquilibre. Ces dernières font partie du mystère de notre être. Pour rendre cela plus concret, prenons l'exemple de la pratique du kendo, un art martial qui utilise un sabre de lamelles de bambou. Pour toucher son adversaire, le kendoka se doit de faire un avec son sabre ; s'il en est séparé, la frappe ne peut être juste. Allons plus loin : le kendoka uni à son sabre est aussi uni intérieurement, animé par sa puissance tranquille ; s'il recourt à la force, sa frappe déviera ; au contraire, s'il utilise la puissance tranquille émanant de l'union de son centre d'énergie (le hara) et de son cœur, sa frappe sera juste. Mais en réalité, qu'est-ce qui fait que la frappe du kendoka est juste ? Son intention, son élan intérieur, un appel à vivre le mouvement du kendo. Il en est de même dans l'expérience de l'amour.

Ce qui déstabilise les énergies polaires qui nous animent, c'est notre tendance à juger. Imaginons que je juge ma fragilité comme étant regrettable, je nourris alors son pôle opposé, qui est la puissance, ce qui, à la longue, crée un déséquilibre en moi. J'ai en effet autant besoin de ma fragilité que de ma puissance ; j'ai aussi besoin de réceptivité et d'action, de féminin et de masculin. Porter des jugements sur nous-mêmes censure notre élan. Si je reviens à l'exemple du kendo, il arrive souvent que le professeur dise : « Arrêtez de penser la frappe, soyez la frappe. » Nous pouvons aisé-

1. Voir la note 2 p. 120.
2. Voir la note 1 p. 217.

ment rapporter ces mots à l'expérience de l'amour et nous dire : « Arrêtons de penser à l'amour, soyons amour. »

En amour, lorsque nous portons un jugement, lorsque nous évaluons ce qui est bien et ce qui est mal, ou encore lorsque nous calculons et comparons, nous nourrissons en nous les forces en opposition. Ce faisant, nous risquons fort d'alimenter un aspect plus qu'un autre de nous-mêmes et de nous retrouver en déséquilibre. À ce moment-là, nous ne sommes plus dans l'amour. Ne soyons pas alors surpris de nous sentir tiraillés, divisés, désunis.

Le féminin et le masculin

Notre monde intérieur est animé par des archétypes [1], des personnages vibrants dont nous ne pouvons ignorer l'existence. Un couple intérieur nous habite : le féminin, la force yin, lunaire, et le masculin, la force yang, solaire.

Ainsi que je l'ai déjà mentionné, ces forces sont inscrites dans notre corps et dans notre système nerveux central : la force solaire dans le système sympathique, et la force lunaire dans le système parasympathique. La danse de ces énergies nourrit notre quotidien. Celles-ci font intrinsèquement partie de nous. Observons le mouvement du balancier chez Josette.

---

1. Les archétypes constituent le noyau de sens qui se trouve au cœur des grandes images communes à toute l'humanité. Selon Jung, ils conditionnent notre façon de nous représenter la réalité. Les archétypes se comparent à des organes de la psyché prérationnelle, ils font de nous des êtres humains. *L'Âme et la Vie*, Paris, Le Livre de Poche, 1995.

Quand Josette est venue me consulter, voici ce qu'elle m'a dit : « J'ai perdu le goût de faire l'amour, je ne me reconnais plus, je suis irritée par mes enfants et je ne suis plus là pour mon compagnon. Je me sens comme un fantôme à la maison. » Ses symptômes sont apparus un an après qu'elle eut obtenu une promotion à un poste de direction dans la banque où elle travaille. Josette se culpabilise parce qu'elle n'est plus, selon ses mots, une « bonne mère ». De plus, elle a le sentiment que son couple est en péril. Regardons son quotidien au travail : Josette évolue constamment dans une énergie masculine, soit un monde de calculs, de prévisions budgétaires, d'analyses financières, et elle a des décisions importantes à prendre. Nous pourrions dire de Josette qu'elle utilise sa capacité solaire, son yang, soit le masculin qui vit en elle. Elle recourt aussi à sa force lunaire car elle se sent innovatrice et créatrice dans son travail. Il existe pourtant un déséquilibre, ses symptômes le prouvent. Josette est stressée car elle est perpétuellement en compétition dans un environnement composé surtout d'hommes. Elle fait beaucoup appel à sa force solaire : son système nerveux sympathique est très sollicité par son travail. À la fin de la journée, elle ne sent plus son corps, elle sent qu'elle a une tête, l'hémisphère gauche du cerveau, l'aspect yang, mais c'est tout. Son corps est fermé aux énergies yin correspondant à l'hémisphère droit du cerveau : repos, détente, douceur, sensualité, écoute. Le corps de Josette est tendu, ses épaules sont contractées, elle respire mal. Elle ajoute qu'elle a l'impression de ne plus être une femme. Josette nous offre le tableau d'une énergie masculine surdéveloppée par rapport à l'énergie féminine, et de valeurs masculines trop mises en avant par rapport aux valeurs féminines. Pour retrouver son équilibre, Josette a besoin d'opérer un retour à son hémisphère droit. La pratique de mouvements psychocorporels devrait lui permettre de retrouver son corps, sa vitalité, son désir sexuel ainsi qu'une nouvelle ouverture à son entourage, et surtout de prendre une distance par rapport à son travail[1].

Sylvain, lui, connaît une situation diamétralement opposée à celle de Josette.

Sylvain, masseur, vient me consulter parce qu'il a peur de développer une dépendance aux jeux vidéo et à la télévision. Il se sent happé par cette forme de loisir. Sylvain masse sept personnes par jour dans un spa de Montréal. Il est un masseur reconnu de ce spa où il travaille six jours par semaine. Après avoir passé sa journée à se montrer réceptif et à écouter ses clients pour leur offrir la détente nécessaire, Sylvain « ne sait plus qui il est ». Ce sont ses mots : « Je me suis perdu dans le corps de mes clients, dans leurs tensions, dans leur respiration bloquée. Quelquefois j'en oublie même où j'ai garé ma voiture. Je n'ai qu'une envie, c'est de m'étendre devant la télévision comme un légume. Je suis vidé. » Sylvain passait en effet ses soirées à ne rien faire, à regarder la télévision ou à jouer à des jeux vidéo pour ne plus penser et ne plus ressentir quoi que ce soit. Sylvain est débordé par son

1. Josette a choisi de recourir à la Méthode de Libération des Cuirasses, voir la note 1 p. 39. Elle aurait pu faire appel aux autres méthodes évoquées à la note 2 p. 163. Cela est fonction de la sensibilité de chacun. La MLC© comprend divers types de mouvements psychocorporels : des mouvements d'ouverture des couches musculaires superficielles, des mouvements d'étirement permettant d'atteindre les couches musculaires intermédiaires et profondes, et des mouvements d'harmonisation permettant d'unifier les différentes parties du corps, ainsi que le conscient et l'inconscient. Certains mouvements se pratiquent avec des outils tels que des balles de tennis ou des balles ou des bâtons de mousse.

énergie yin, cela au détriment de sa force masculine. Pour l'aider à se retrouver, je lui ai suggéré de pratiquer un art martial qui lui permettrait de travailler ses dimensions masculines tout en cultivant ses qualités d'ouverture et de réceptivité. Sylvain appréhendait les arts martiaux, il avait peur de se blesser et il considérait leurs adeptes comme des « machos ». Je l'ai donc dirigé vers l'aïkido, un art martial qui vise non pas à vaincre l'adversaire mais à réduire sa tentative d'agression à néant, et qui, à mon sens, met en jeu le féminin autant que le masculin.

La dualité féminin/masculin est bel et bien réelle dans le corps humain de même que dans les hémisphères cérébraux. Elle fait également partie du monde intérieur où elle représente une présence archétypale bien vivante, influencée tant par la culture et l'inconscient collectif que par les parents. La façon dont je vis aujourd'hui les parties féminine et masculine de ma personnalité dépend de la relation que j'ai eue, enfant, avec les énergies féminine et masculine de mon entourage. Par exemple, en tant que femme, j'ai pu être conditionnée par une mère qui était très masculine et avoir un père dont les manières et le comportement étaient très féminins, qui se montrait sensible, à l'écoute des autres, doux. Poursuivons ce scénario : mon père, cet homme féminin, a influencé ma relation au masculin, ce qui expliquerait que je recherche inconsciemment un homme féminin comme lui ; de même, ayant vécu avec une mère très masculine, méprisant la sensibilité de mon père, il se peut que même si je rencontre un homme féminin, je juge celui-ci faible comme ma mère le faisait avec mon père. Animée par ces influences, je me sens divisée et tiraillée intérieurement.

En quoi cela touche-t-il ma relation à l'amour ? La réponse est simple : si en moi se livre une bataille et que je suis déséquilibrée, il me sera difficile d'épouser l'axe d'amour. Divisée physiquement et psychiquement, j'éprouverai des difficultés à aimer. Si je suis une femme et que je suis mue par des valeurs masculines au point d'en oublier ma féminité, je serai forcément en déséquilibre. De même si je suis un homme et que je me laisse aller à ma féminité en mettant de côté ma masculinité. Notre société connaît également l'inverse : nombre d'hommes valorisent leur masculinité au détriment de leur féminité et nombre de femmes valorisent leur féminité au détriment de leur masculinité. Dans tous les cas, ces hommes et ces femmes se comportent ainsi parce qu'ils ont été blessés dans ces dimensions d'eux-mêmes. Or, nous sommes ici en présence de positions extrêmes dont les individus devraient se libérer s'ils veulent sortir de leurs carcans social, culturel et familial. Au contraire, lorsque ces archétypes voisinent de manière équilibrée chez la personne, et que celle-ci se trouve sur le chemin de l'individuation, l'amour peut émaner d'elle dans toute sa profondeur de même que son potentiel créateur.

L'amour a besoin que l'ensemble des énergies de l'être soient syntonisées. Alors se produit le déclic, ce moment où l'élan profond de l'être s'exprime avec la justesse d'un mouvement de balancier. Pour guérir, nous avons besoin à la fois du féminin et du masculin. Il en est de même pour l'amour : nous avons besoin d'être à l'écoute de l'amour en nous, mais nous avons aussi besoin de vivre cet amour, de le mettre en mouvement, de nous engager pour lui. Agir l'amour à partir d'une harmonie entre les aspects profonds de soi permet à l'élan de l'amour de nous mettre au monde.

Quittons maintenant l'*attente* ou le *trop-faire* amoureux pour *être amour* au quotidien, cela grâce à notre équilibre intérieur.

4
Le couple créateur

Pour qu'une relation de couple soit créatrice, une base d'amour solide est nécessaire en chacun des êtres qui forment le couple. Cette base vient, entre autres, de notre capacité d'intimité avec nous-mêmes et de l'harmonie qui règne entre les deux parties de notre dualité intérieure. J'ai souvent vu des couples qui avaient connu toutes les formes d'amour décrites dans les premières parties de ce livre et qui en arrivaient à un amour créateur. Ces couples, qu'ils aient été composés de deux hommes, de deux femmes ou d'un homme et d'une femme, se sont aimés à travers les conditionnements amoureux et les besoins de fusion et de dépendance de chacun. Ils se sont aussi aimés dans la haine et le conflit. Ce sont des couples qui, après avoir connu toutes les formes contractées de l'amour, ont finalement lâché prise pour s'aimer librement, dans le détachement.

Pour aimer l'autre et continuer notre quête d'amour au quotidien, nous avons besoin d'être équilibrés intérieurement, c'est-à-dire que la relation se fasse bien entre notre conscient et notre inconscient ; nous devons également être réceptifs autant à l'élan amoureux qui émane de nous qu'à celui qui vient de l'autre. Nous devons aussi nous engager, même s'il s'agit d'un engagement qui, au début surtout, se renouvelle au quotidien. Pour que la relation à l'autre soit créatrice, il est important que nous vivions notre amour sans avoir besoin de prendre le pouvoir sur l'autre, de nous gratifier, de redorer les barreaux de notre prison et, surtout, sans attendre que l'autre réalise l'amour à notre place.

La base de l'amour

Posture corporelle d'un couple connaissant l'amour créateur

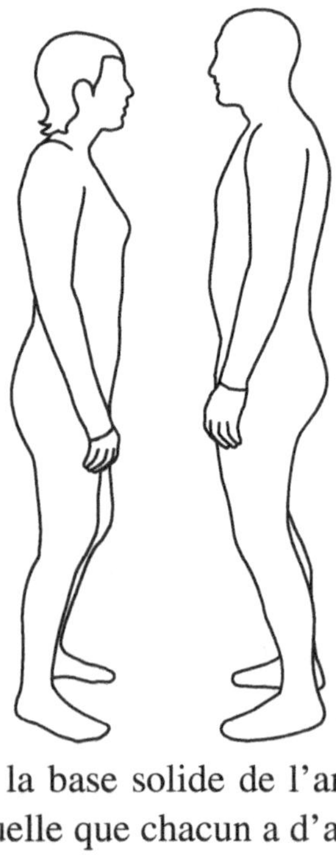

Dans un couple, la base solide de l'amour provient de la conscience individuelle que chacun a d'aimer et d'être aimé. La conscience d'aimer est une énergie qui émane du centre du soi et va vers soi, intérieurement, et vers l'autre, extérieurement. Elle est une présence à l'amour, à tout ce qui nous entoure. Nous sommes loin de la projection de nos besoins sur l'autre ou de l'attente de l'amour de l'autre. Dans le couple qui aime, cette base est là et ne disparaît pas. Elle est une présence, tel un feu dont la flamme est toujours allumée et alimentée par chacun dans la conscience d'aimer. Cette conscience donne au couple créateur la sécurité qui lui est nécessaire. Grâce à elle, les qualités inhérentes à notre être peuvent s'exprimer sans risque d'être bafouées. Ces qualités sont la sécurité, la reconnaissance, la confiance, le respect, la bienveillance, l'accueil et l'équité. Elles s'installent lorsque les besoins fondamentaux qui leur correspondent sont assouvis en chacun et que la blessure d'amour de chacun n'est plus projetée sur l'autre. C'est cette alchimie qui permet que les besoins se transforment en des qualités d'âme et d'être. Ce faisant, l'amour est et devient créateur. De quoi avons-nous besoin pour créer un couple ? De cette base d'amour, de cet engagement réel à exister avec nos qualités humaines fondamentales.

La traversée des « grandes eaux »

Le couple qui aime n'aime pas uniquement l'ego de chacun et son petit univers de couple. Non, le couple qui aime irradie l'amour dans une ouverture aux autres. C'est pourquoi ce couple est créateur, il a traversé les « grandes eaux ». J'utilise ici l'expression du *Yi King*[1] pour désigner la traversée des diverses formes d'amour évoquées au fil de ce livre.

1. Le *Yi King* est un manuel chinois dont le titre peut se traduire par « Livre des mutations ». Élaboré au début du premier millénaire avant l'ère chrétienne, il est considéré comme le plus ancien texte chinois. « Yi King », Wikipedia :
http : //fr.wikipedia.org/wiki/Y%C3 %AC_J%C4 %ABng

Cette traversée peut avoir été effectuée en solitaire ou à deux. L'important est que lorsque deux individus ont traversé les grandes eaux, ils vivent différemment l'amour en eux et autour d'eux car ils en connaissent les pièges : le retour de la blessure d'amour, la litanie des besoins non satisfaits, le manque, la dépendance vis-à-vis de l'autre, les compulsions, les projections, et toutes les autres formes de protection. La possibilité que le cœur se referme est toujours présente ; il est en effet tellement plus facile de fermer son cœur à nouveau que de le maintenir ouvert. Mais le couple qui aime sait discerner l'amour vrai de l'amour qui infantilise et qui blesse.

La traversée des grandes eaux fait partie du processus d'individuation ; chacun de nous est appelé à la vivre individuellement même s'il peut être accompagné par sa relation de couple. Le processus d'individuation ne concerne que soi. Il est un engagement et la manifestation que nous prenons la responsabilité bien réelle de suivre notre propre chemin et de nous libérer des conditionnements qui altèrent l'amour en nous et l'amour que nous portons à l'autre. Ce choix est personnel. Nous ne pouvons pas vivre l'amour au quotidien *pour l'autre*, nous devons d'abord et avant tout le vivre *pour nous*. C'est ce qui nous permettra de le vivre ensuite *avec l'autre*.

Si la traversée n'est vécue que par un seul membre du couple, celui-ci s'étiole. La base première du couple se transforme, les aspirations amoureuses ne sont plus les mêmes. Il arrive quelquefois qu'une séparation temporaire soit nécessaire pour permettre à celui qui n'a pas traversé les grandes eaux de vivre ce processus. Les partenaires d'un couple sont libres de s'attarder sur l'îlot des attachements, sur le quai de la dépendance affective ou aux rivages du ressentiment. Chacun est également libre de vivre son processus à son rythme. La traversée relève d'un réel engagement vis-à-vis de soi et de l'amour. L'engagement n'est pas superficiel et n'implique pas nécessairement un contrat extérieur, il résulte avant tout d'une fidélité à soi et d'une harmonisation intérieure entre les différentes parties de soi.

Cette traversée ne peut pas s'effectuer si la dualité intérieure propre à chacun des partenaires n'est pas vécue dans l'harmonie. Si la partie féminine de l'un des partenaires est en grande souffrance, ce partenaire, qu'il soit homme ou femme, risque de s'attarder à des détails de l'autre stimulant un retour à la souffrance d'aimer. Il s'ensuivra un attachement infantile à l'autre qui entrave l'amour. À l'inverse, si la partie masculine de l'un des partenaires est déficiente, ce dernier aura peur de s'engager. Il préférera le « flou artistique » à l'action qui consiste à s'engager. Il est difficile de traverser les grandes eaux en tirant par la main des parties féminines et masculines de soi qui sont encore retenues par un passé douloureux. Il est également difficile de connaître l'expression créatrice de l'amour dans le couple si chacun n'a pas évolué en fonction de sa propre vérité intérieure. Certains couples réussissent ce passage délicat : l'un des partenaires aide l'autre, voire l'entraîne à traverser des grandes eaux. Le couple de Michel et Juliette en est un bon exemple.

Suite à la mort de sa mère, Michel fait une dépression. Pendant cinq ans, Juliette tire le couple comme un cheval de trait. Michel s'en sort, mais Juliette est épuisée. Par contre, pendant ce temps, elle a retrouvé une confiance en elle qu'elle avait perdue. Alors qu'avant elle s'appuyait toujours sur Michel, elle compte à présent sur elle-même car elle a découvert ses ressources d'organisation, de création et d'accomplissement de soi. Le couple de Michel et Juliette s'engage à nouveau, porté par ce nouvel élan amoureux, il fait l'expérience d'un amour renouvelé fondé sur davantage de partage.

Jean-Pierre et Élisabeth sont un autre exemple.

Jean-Pierre, qui est marié depuis sept ans, se libère un jour d'un traumatisme de sa petite enfance. Il réalise qu'il peut enfin ouvrir son cœur à sa femme : il est prêt à aimer. Mais Élisabeth souffre depuis leur mariage du non-engagement de son partenaire, comme s'il était présent et en même temps très absent. Élisabeth s'est retranchée dans ses protections et attend. Jean-Pierre guérit et lui propose de s'engager à nouveau, de l'épouser une seconde fois et de développer avec elle des projets créateurs. Élisabeth hésite. Aime-t-elle Jean-Pierre suffisamment pour s'engager ainsi de nouveau ? Finalement, elle choisit de tenter l'expérience. Le couple repart sur d'autres bases, nourri par un nouvel élan amoureux.

Aimer libère l'élan d'amour, retenir l'amour enclenche un retour à soi qui alimente l'inhibition de son potentiel créateur.

L'expérience du vide créateur

La traversée des grandes eaux implique aussi la rencontre avec le vide créateur. Il est important que les deux partenaires aient apprivoisé le vide en eux pour pouvoir vivre le vide créateur au sein de leur couple. Car le vide est toujours présent dans l'amour. L'amour est mystère, nous ne pouvons le saisir pas plus que le conserver dans un bocal. Cela est difficile à accepter pour notre personnalité, surtout si elle est contractée ; elle a du mal à se laisser aller à la réalité de l'amour, à son mystère ; difficile de supporter qu'il soit ainsi insaisissable. Cela fait non seulement peur mais renvoie au néant. Or, notre personnalité consciente a besoin de contrôler, de connaître, d'analyser, de calculer pour savoir où sont les limites, les repères ; ce sont les fonctions du moi conscient [1]. Le rôle de notre personnalité est d'agir comme un filtre entre notre monde intérieur et le monde extérieur. La contraction du filtre fait que le vide peut être intolérable. Pour connaître l'amour, qui est fait de vide et de plein, de détachement et de lien, il est nécessaire que les partenaires aient apprivoisé leur vide intérieur, l'intimité avec eux-mêmes. Le vide inhérent à l'amour, à la vie, à la mort et à la solitude, la rencontre avec le rien et le tout, la rencontre avec l'incommensurable de la Vie et de l'Amour.

Dans un couple qui traverse les grandes eaux, ce vide est présent en chacun et entre les deux personnes. Il est ce moment d'apnée dans l'orgasme, quand tout est tellement plein qu'il n'y a plus rien, sauf le silence, l'arrêt du souffle, la mort, le plongeon dans l'inconnu. Il est ce moment d'apnée dans un regard, un silence, un toucher de la main au cœur d'un quotidien quand, soudain, le temps n'existe plus. Ce sont des moments de partage intenses durant lesquels le couple est en présence du trois : le troisième étant cet amour qui les enveloppe, qui les entoure, créé par la fusion de deux partenaires qui se sont abandonnés l'un à l'autre. Cette enveloppe n'est pas palpable physiquement, elle est intemporelle, elle est une matrice qui soutient les deux êtres qui se sont livrés l'un à l'autre.

---

1. J'ai décrit les fonctions du moi conscient dans *Le Déclic*, *op. cit.*, p. 28-29.

Le plus vaste que deux

L'histoire que je vais vous raconter à présent est personnelle. Elle concerne ma relation avec mon époux. Elle s'est déroulée quelques heures avant le décès de ce dernier, mort sur le coup après avoir reçu une balle lors d'un cambriolage.

Ce jour-là, nous avions connu un échange amoureux intense. Nous allions ensemble vers l'orgasme. Pendant la montée orgasmique, le silence s'imposa à nous ; une montée de l'énergie, de nos sexes jusqu'à nos têtes, nous traversa à une vitesse fulgurante. Habituellement, j'avais l'impression que cette énergie montait dans ma tête puis se libérait au-dessus de moi pour revenir ensuite dans toutes les cellules de mon corps. Ce jour-là, ce ne fut pas le cas. L'énergie resta bloquée au niveau de ma tête et je ressentis une crispation violente des os de mon crâne. Au même moment, j'entendis mon époux s'exclamer : « J'ai enfin trouvé la clé ! », et j'ai senti que notre énergie passait par sa tête à lui. C'était la première fois qu'il connaissait la montée d'une telle force sexuelle créatrice. C'était pour lui une réelle libération dans l'amour. Il me dit ensuite qu'il avait enfin pu ouvrir les portes du « ciel », nom donné, dans la tradition orientale, au centre de l'énergie logé au niveau de la fontanelle supérieure du crâne. Par la suite, enlacés, cœur contre cœur et corps contre corps, nous avons connu un grand vide, le silence ; la conscience de notre amour nous enveloppait, nous étions comme dans un nirvana. Il n'y avait plus rien, nous n'étions pas deux mais une énergie unique, beaucoup plus vaste que la somme de nous deux. Nous étions morts à quelque chose

pour naître à autre chose. Nous nous étions aban...
à quelque chose de plus vaste que nous.

Lorsque les partenaires peuvent se rencontrer dans le vide, accepter de ne pas tout comprendre de l'autre, de ne pas tout connaître, accepter de laisser passer le souffle, la respiration, le silence, ils ouvrent la voie à la création d'un espace plus vaste que chacun d'eux et plus vaste que leurs deux espaces mis ensemble. J'appelle cet espace *le plus vaste que deux*, que symbolise l'équation 1+1=3. Le plus vaste que la somme des deux vient d'un détachement par rapport à l'autre, un détachement qui permet à la vie de circuler, à l'amour d'être là, vibrant en chacun et entre les deux. Lorsque nous acceptons de l'autre sa vie, son mouvement, sa liberté, son amour, sa différence, sa créativité, nous acceptons son individuation. L'autre peut être là, en notre présence, tout en s'individuant, en continuant d'être et de devenir un individu à part entière. Chacun s'apparente alors pour l'autre à une présence créatrice et bienveillante. De là vient la respiration, la détente qui fait que la créativité, l'essence même de l'amour, existe. Chacun est une matrice permettant la fusion et le détachement, le lien et la liberté, l'engagement et l'individuation. Alors, le mystère de l'amour peut être vécu et se déployer en l'autre comme en soi. L'amour peut s'épanouir dans la création et le quotidien du couple devient une source d'inspiration.

La sexualité

La force sexuelle est la force vitale et la force créatrice qui nourrit le corps en entier lorsqu'elle est vécue dans l'amour et avec une conscience de l'amour. Si cette force est enfermée dans le bassin à seule fin de satisfaire des compulsions sexuelles ou un désir de domination, elle ne nourrit ni le cœur ni l'âme. Si cette force est dominée en nous par un déséquilibre de notre couple intérieur, il nous sera difficile de vivre notre sexualité en suivant notre axe intérieur d'amour. Nous pouvons aussi enfermer notre sexualité en la censurant, en la niant ou en ne l'utilisant que pour satisfaire un besoin physique. La force vitale que représente la sexualité reste alors « basique » : nous faisons l'amour en maintenant notre cœur fermé. Nous pouvons également vivre notre sexualité à seule fin de nourrir nos besoins affectifs.

Nous sommes tous des êtres sexuels, et il est important de le reconnaître. Vivre notre sexualité nous aide à sentir notre corps en profondeur, à rester en contact avec les aspects les plus sauvages et instinctifs de nous-mêmes, cela nous permet également d'équilibrer les forces qui nous animent. Faire l'expérience de notre énergie vitale dans notre corps nous permet de nourrir notre enracinement à la terre, ce qui à son tour nourrit notre inspiration, notre élan vital et créateur. Malheureusement, nous avons la puissance de tout enfermer, de tout « mettre en boîte », de nous contenter de satisfaire nos besoins sans vivre l'élévation qui unit la partie inférieure et la partie supérieure de notre corps en passant par le cœur.

La sexualité du couple créateur est une exploration créatrice dans le contexte d'un quotidien qui se vit dans la simplicité du cœur et la spontanéité de l'engagement. Elle est libre, dégagée de craintes et de projections, différente à chaque nouvel échange. Elle ne connaît pas de monotonie, seulement la joie du partage spontané. Elle ne connaît pas de décision prise à l'avance de recevoir ou de donner. Non, elle est une rencontre entre deux âmes bien incarnées dans leur chair, qui partagent un moment d'intimité et d'amour. Deux êtres qui se laissent aller à une exploration spontanée, qui se laissent porter par leurs énergies fusionnant à travers les trois diaphragmes : pelvien, thoracique et crânien. Deux corps, deux cœurs, deux consciences qui s'unissent et créent une vibration plus élevée que la leur : 1+1=3.

Pour vivre ce processus de fusion, chacun choisit de perdre son identité, son « Moi, je », et devient « Nous ». Un Nous qui n'est pas enfermé dans un « faire l'amour » fondé sur des positions d'autosatisfaction. Un Nous qui laisse deux corps, deux cœurs, deux consciences se rencontrer dans le détachement. Le but n'est pas l'orgasme ou l'autosatisfaction. Il n'y a pas de but, il y a le processus, le chemin de l'amour créateur, c'est cette évolution en toute liberté qui permet de fusionner avec l'autre. Ce Nous est alors l'expression d'une respiration, d'une mouvance, d'un abandon, d'une fluidité – l'individualité s'y perd comme dans un grand tout, un grand vide créateur.

Ce que je viens de décrire n'est pas nécessairement un processus conscient. L'exploration de la force d'amour dans la sexualité peut être inconsciente. La sexualité n'est qu'une des multiples facettes de l'acte créateur.

Le mystère de l'amour

Qu'y a-t-il entre nous et l'amour ? L'inconnu, le mystère. Ce qu'il y a de merveilleux, c'est que nous ne pouvons pas étudier ni même comprendre l'amour. Nous pouvons disséquer les formes d'amour contracté, mais nous ne pouvons pas faire l'autopsie d'un amour créateur, pas plus que nous ne pouvons comprendre la mort ou la vie. Nous pouvons cependant être témoins de la mort, de la vie, du processus d'individuation, nous pouvons être témoins de l'amour, et nous pouvons être acteurs.

Reconnaître que l'autre est un mystère demande d'accepter le détachement et nous délivre de la dépendance. Comment, en effet, être dépendant d'un mystère ? Par contre, nous pouvons fusionner avec ce mystère afin d'expérimenter la part de mystère qui existe aussi en nous. Je dis souvent aux thérapeutes qui se sont initiés à mon approche que la clé de la guérison se trouve dans celui qui souffre, non dans le thérapeute assis en face de la maladie de l'autre. La personne souffrante a en main la clé de sa libération. Il en est de même dans le couple ou dans la relation à deux ou à trois : l'autre est habité par le mystère de l'amour. À partir de là, tout est possible.

L'amour nous porte si nous nous laissons porter par lui. Cela exige de notre personnalité, qui aime contrôler, qu'elle lâche prise. Si nous laissons l'amour nous porter, nous acceptons de perdre l'illusion de connaître l'autre et de connaître l'amour. S'il y a quelque chose de réducteur, c'est de penser que l'autre ou l'amour puisse être ramené à une connaissance. Entretenir cette idée revient à couper ses ailes à l'amour. Lorsque nous nous laissons porter par l'amour, nous avons le sentiment que « l'amour donne des ailes » et nous le disons. Nous avons ici la preuve directe que l'amour nous élève et qu'aimer nous ouvre au mystère de l'amour. Il est vrai que l'amour nous porte au sens où il nous sort des prisons dorées de la dépendance et de la souffrance. Et cela même si nous avons quelquefois l'impression qu'il nous oublie. En fait, il continue de nous porter à travers le regard aigu auquel nous oblige la réalité quotidienne, le regard aigu que nous donne la souffrance ou la perte.

L'amour consiste-t-il à aimer l'autre ? Non, car dans l'amour l'autre n'est plus, il devient une part de nous. L'amour consiste-t-il à s'aimer soi ? Non, car dans l'amour nous ne sommes plus, nous sommes devenus une part de l'autre. M'aimer est l'aimer, l'aimer est m'aimer.

Annexe

Visualisation pour sortir du ressentiment

Avant de commencer la visualisation, vous devez savoir envers qui vous éprouvez du ressentiment. Vous pouvez aussi partir d'un événement qui a suscité en vous du ressentiment. Pour les fins de cette visualisation, nous nommerons la personne envers qui vous éprouvez du ressentiment l'*objet de ressentiment.* Cette personne peut changer au fur et à mesure de la visualisation ; vous pouvez ainsi débuter avec une personne et vous sentir guidé par votre inconscient vers une autre personne. Un exemple : vous éprouvez du ressentiment vis-à-vis de votre conjoint, mais au fur et à mesure de la visualisation, vous réalisez que l'image de l'un de vos parents vous vient spontanément. Vous devez poursuivre la visualisation avec la personne dont votre inconscient vous parle. Un tel changement indique que vous éprouvez du ressentiment envers l'un de vos parents, mais que vous l'aviez refoulé ; la figure du conjoint était donc un substitut.

• Commencez par vous imaginer en train de recevoir tout ce dont vous avez besoin sur tous les plans : plénitude amoureuse, joie au sein de la famille et au travail, solidité de votre situation financière, cela sans faire de lien avec votre objet de ressentiment.

• Visualisez ensuite la personne qui est l'objet de votre ressentiment en train de recevoir tout ce dont elle a besoin, cela sans votre aide ; vous voyez cette personne comblée par la vie, sans que vous soyez pour quoi que ce soit dans ce qui la comble.

• À présent, visualisez les deux scènes ensemble : la première scène dans laquelle vous recevez tout ce dont vous avez besoin, et la seconde dans laquelle l'objet de votre ressentiment reçoit tout ce dont il a besoin ; maintenez ces deux scènes côte à côte pendant deux à trois secondes.

• Pour terminer, remerciez-vous ; vous pouvez également noter ce que vous ressentez et pensez dans un journal.

À faire pendant trois semaines, une fois par jour…

Il se peut que cette visualisation soulève en vous des émotions, surtout au début ; il est cependant important de poursuivre tout en notant vos réactions physiques et psychiques. Si cette visualisation est trop difficile, ne forcez pas le processus. C'est un signe que vous êtes attaché à votre ressentiment. C'est votre droit. Attendez quelques jours ou quelques semaines, puis tentez de recommencer.

N'oubliez pas qu'il n'y a que l'amour qui guérit du ressentiment et vous aide à sortir de la position de victime.

Remerciements

Je remercie ma grande amie, Lucie Douville, le Dr Christine Angelard et Jean Gagliardi qui ont fait des recherches pour cet ouvrage, mon compagnon d'âme, Jérôme Angey, pour son soutien au fil de mon travail quotidien d'écriture, Jade, Suzanne, Louis, Guy et Nicolas, mes amis, dont le vécu amoureux m'a grandement inspirée, mes patients et mes élèves pour leur courage et leur authenticité, Françoise Jèze pour ses conseils, Maryse Barbance pour sa révision. Je souhaite également remercier celui qui fut mon mari, aujourd'hui disparu, Robert N. Éthier, pour m'avoir permis de faire l'expérience de l'amour créateur. Je remercie enfin mes éditeurs et leur équipe pour leur accompagnement et leurs conseils au fur et à mesure de la rédaction de ce livre qui représente pour moi une véritable création.

Table des matières

Deuxième partie
L'AMOUR FUSIONNEL 1+1=1

Troisième partie
L'AMOUR CARACTÉRIEL 1+1=2

Quatrième partie
L'AMOUR CRÉATEUR 1+1=3

Direction éditoriale : Laure Paoli
Illustrations : François Daxhelet

Composition : IGS
Impression : CPI Firmin Didot, février 2016
Éditions Albin Michel
22, rue Huyghens, 75014 Paris
www.albin-michel.fr
ISBN 978-2-226-16957-0
N° d'édition : 16998/11 - N° d'impression : 133972
Dépôt légal : octobre 2007.
Imprimé en France